よりよい臨床のための4つの視点、8つの流儀

子ども・家族支援に役立つ
アセスメントの技とコツ

編――川畑　隆

著――笹川宏樹
　　　梁川　惠
　　　大島　剛
　　　菅野道英
　　　宮井研治
　　　伏見真里子
　　　衣斐哲臣

明石書店

まえがき

　著者たちは、「そだちと臨床」研究会という8名のグループで1993年から活動を始めました。当時、全員が児童相談所の心理職で、児童相談所の心理臨床の独自性を確認し、より豊かなものにしていこうという思いで「児童相談所の実務研究誌『児相の心理臨床』」を同人誌として発行することから、活動を始めました。

　その後は、新版K式発達検査2001を用いた発達相談に関するワークショップや、「対応のバリエーション勉強会」と称するロールプレイによって「援助的対応」を検討する対人援助職の集いの継続、定期刊行雑誌『そだちと臨床』の編集、その他の種々の活動を行ないながら、それぞれの勤務先での臨床活動等に従事し、20年がたちました。

　述べたように著者たちは全員が心理職としてスタートしましたが、自分たちの児童福祉臨床（業務と研究会活動など）に「そだち」と「社会」の視点を大きく取り入れてきました。こう書くと当たり前のことのようですが、狭義の臨床心理学を大事にしている人には、的を広げて焦点を少し拡散したような感覚が生じるかもしれません。でも、この視点は現場には不可欠で、自分たちの実際にやっていることが現場における児童福祉という使命から遊離していないかどうかを点検するときに、クローズアップされてくるものです。

　その著者たち8名がそれぞれに、自分の「アセスメントと（介入）」について書くことにしました。上記のように研究活動をとおして共有してきたことは多く大きいものの、やはりお互いに異なる職場で働き、異なる地域を対象にし、ある者はこの20年間に異なる分野も体験し、当然のこと、異なる考えをもちあわせているからです。したがって、それぞれが描く「アセスメント（と介入）」には自分のなかにこれまで積み上

げてきたものが表れるでしょうし、それは児童福祉臨床を行なううえでの中心的な事柄です。

　著者たちには、「あなたが臨床の実践者としてこれまで大事にしてきたことを書いて」とガイドしました。そして「より具体的に書くことによって、この分野の若手によりよい業務へのヒントを手渡して」という注文も付け加えました。

　本書は4部から成っていますが、8名で手分けして各部ごとに2つずつのコメント文を付けました。お互いに補い合い、読者の助けになればと考えました。

　そういう本です。8名が同様なことを書いている部分については、その点で著者たちはつながっているのだと思っていただければいいし、述べていることが矛盾している点については、「そこが面白い！」と思っていただければこのうえありません。

　このような勝手な言い分でペンを進めていきますが、読者のお役に立てれば幸いです。

川畑　隆

子ども・家族支援に役立つアセスメントの技とコツ●目次

まえがき　3

第1部　収集した情報から何を読み取り、どう書くか

1　児童福祉臨床におけるアセスメントの実際　12　笹川宏樹

1　援助と結びついてこそのアセスメント　13
2　文脈のなかでアセスメントすること、立場を意識すること　14
3　アセスメントの2つのアプローチ　15
4　ソーシャルワークのアセスメント　16
　　どのような環境のもとで暮らしてきたか 16 ／現在の生活の様子 16
5　アセスメントツールの活用　20
6　心理アセスメント　21
　　基本的事項 22 ／外見と行動的特徴 22 ／知的レベルとその特徴 24 ／情緒・行動的側面 26 ／家族関係 27 ／所属の関係 28 ／心理所見のまとめ 29
7　アセスメントを記述すること　30

2　心理職はアセスメントで何をすべきか　31　梁川 惠

1　情緒障害児短期治療施設の子どものアセスメント　32
2　情短施設の親のアセスメント　33
3　自閉症スペクトラムのアセスメント　36
4　障害分野での発達検査　39
　　検査における行動観察と分析 39 ／心理判定所見と協働、助言 40 ／障害福祉分野での行政の変化 41

第2部　子どもが育つ道筋を考える

3　「育ち」と「癒やし」から乳幼児のアセスメントを考える　48
大島　剛

1　育つことと癒やすこと　48
2　子どもは忙しい　49
3　子どもの適応力、回復力、傷ついて学ぶことのすごさ　50
4　年齢尺度でイメージする　51
5　新版K式発達検査の魅力　53
6　津守式乳幼児精神発達診断法の面白さ　54
7　人物画を使うこと　55
8　発達障害の子どもが描いた人物画の諸相　56
9　育ちと癒やしのテストバッテリー　58
10　子どもと家庭を取り巻く環境を精査する　59
11　現代の家庭を取り巻く事情　60
　　少子化・晩婚化 60／「授かるもの」から「作るもの」へ 61／インターネット社会とコミュニケーション 61
12　家庭の生育歴からみた家族の位置づけと力動　63
13　発達促進のための介入　65
14　支援のヒント　66
　　快食・快眠・快便 67／子どもたちの自尊心 67／親の自尊心 68／応用としての心理療法 68
15　常に発達する子どもとともに　69

4　発達保障と支援の枠組みを整理する　71
菅野道英

1　時代の要請に応じて　71
2　児童家庭相談の使命とアセスメント　73
3　子どもの発達上のニーズ　74
4　ペアレンティング能力（保護者の養育能力）　77

  5　家族・環境要因　80
  6　アセスメントの留意点　81
  7　虐待対応とアセスメント　83
  8　支援者の立ち位置と方法論　85
  9　包括的アセスメント　86
  10　虐待家族支援のためのアセスメントと支援計画　88
    アセスメント 89／支援計画 91
  11　最新の情報を取り入れよう　92

第3部　アセスメントとコラボレーション

5　会議の工夫による展開でアセスメントはもっと豊かになる　98
                 宮井研治

  1　アセスメントと介入は地続きである　98
  2　アセスメントは、どうしてむずかしくなってしまうのか？　99
  3　役に立つアセスメント　101
    希望をベースにするアセスメント 102／誰がアセスメントの舵をとるのか 104／アセスメントにおける視覚的工夫 105／ケースの当事者が参加することでの展開 106
  4　アセスメントから治療面接が始まった事例──T君の応援会議　108
    ワーカーとのコンサルテーション 109／応援会議のスタート、予想外の当人参加 111／アセスメントから治療面接へ 112
  5　勇気づけのアセスメント　114

6　システムズ・アプローチにもとづく関係機関療法　116
                 伏見真里子

  1　関係機関療法の進めかた　117
    ケースマネジメントの開始 117／ニーズの把握 120／支援活動チームの編成・アセスメント会議 122／支援活動計画 125／確認会議 126／その後 127／モニタリング会議 128／モニタリング会議の結果 129
  2　システムズ・アプローチの効能　131

第4部　どんな視点を介在させて物語るか

7 家族相互作用の見立てと介入のコラボレーション　138
衣斐哲臣

1 臨床における着眼点　138
   あるなしクイズ 138 ／相互作用として聞く 139
2 家族相互作用のアセスメント　140
   円環的な聞き方 140 ／家族相互作用のアセスメントおよび介入のイメージ 141
3 面接室で見られる家族相互作用──非行事例のアセスメントと介入の実際　145
   事例の概要とアセスメント 145 ／介入：相互作用に働きかける 148 ／新たな相互作用を定着させるかかわり 150
4 臨床的に有用なアセスメントツール　151
   メタポジションと心理検査 151 ／メタファとしての雑談 152 ／羅生門的現実：社会構成主義の視点 154 ／裁判員裁判の証人体験 154
5 アセスメント行為は相対的なもの　156

8 子ども・家族・拡大システムのアセスメントにおける視点と工夫　158
川畑 隆

1 児童福祉臨床は「育ち育てる」ことの支援　158
   適切に守られ育てられる 158 ／守られないと自分で自分を守る 159 ／症状や問題行動を成り立たせているもの 159 ／子どもの安全確保と家族支援 160
2 子どものアセスメント　161
   観て書く、書いたことから読み取る 161 ／心理テストを介在させると何が見えるか 162
3 家族のアセスメント　163
   ジェノグラムを描く 163 ／仮説を立てる（見立てる）165
4 援助の目的と介入　176
   アセスメントをまとめる 176 ／援助活動につなぐ 177 ／拡大システムのアセスメント 178
5 再び児童福祉臨床について　187
   相対的で未完結 187

あとがき　195

コラム　私はこう読んだ
　　補足しておきたいいくつかのこと　43
　　検査結果と判定所見の違い　45
　　子どものもつ力を信じる2人　94
　　次は具体的な支援のコツを　95
　　パートナーシップの重要性　133
　　読み取ってほしい絶妙な運び方　134
　　真実は1つではない　190
　　鮮やか！　相互作用の活性化　192

第1部

収集した情報から何を読み取り、どう書くか

　無数にある情報から何を取り出し、その情報に含まれる意味を何を基準にどのようにアセスメントするのか……。これが情報収集やアセスメントに関する基本的な問いかけだと思います。アセスメントには評価、査定、見積もりなどの意味がありますが、評価のための「基準」は絶対的ではなく相対的なものだという感覚も後押しして、何か尻込みするところがあるのではないでしょうか。しかし、目的はアセスメントではなく「援助」です。その目標を強く意識し、必要な援助を行なうための「仮の指針」だと位置づけられれば、アセスメントする自分自身の「軸」をより信じてみようと思えるのではないでしょうか。

　また、読み取った内容をどのように他職種の人たちに伝え、共有するかも大切なポイントです。どう協働（コラボレート）していくかは、本書全体をとおしてのテーマの1つでもあります。

児童福祉臨床における
アセスメントの実際

笹川宏樹

　児童福祉臨床におけるアセスメントの最も重要な基準は、「子どもが心身ともに健やかに育ち、そのもてる力を最大限に発揮する権利」が護られているかどうかの一言に尽きます。極端な言い方をすれば、子ども本人にニーズがあるか、保護者が困っているかという問題は二の次です。傍から見ていて過酷な状況にもかかわらず、そこから脱したいというニーズを感じさせない子どもや、しつけと称して子どもに虐待を加える保護者がいます。そのような保護者は子育てがうまくいかなくても、「余計なお世話だ、ほっといてくれ」と反発します。周囲が「大丈夫か？」と心配しても、援助を受け入れずその生活を頑なに続ける家族もいます。一般的な相談援助のアセスメントは、当事者が困りごとを訴え、その問題がどのようなものであるかを調べることからスタートします。しかし、児童福祉臨床において、子ども自身が悩みや問題を訴え、相談に訪れることはほとんどありません。児童虐待では、子どもの自発的なSOSを待っていては取り返しのつかない事態になってしまいます。児童福祉に携わる関係者は子どもと家族に敏感であること、つまり、子どもの成長・発達における困難さや、子育て家族の生活上の問題を察知することが重要であり、その時点からアセスメントが始まるのです。

1 援助と結びついてこそのアセスメント

　児童福祉臨床のアセスメントは、援助と結びついて初めて意味あるものとなります。援助と結びつかないアセスメントは無責任な評論とかわりません。ここでは援助対象との関連で、アセスメントの枠組みの試案を示します。その枠組みは「子どもが悩みや問題を表明すること」と、「親や周囲がそれらを受け入れること」の2つの側面を想定しています。**図表1-1**はそれらの関係を示したものです。

　[A]の領域は子どもが悩んでいることを話し、それを周りが聞き入れている状況を示しています。この場合の援助は問題解決のための方法を模索することから始まります。

　[B]の領域は子どもが困っていることを話さないものの、家族は子どもの思いを何とか汲み取ろうとしている状態です。これには子どもが気持ちや考えを表明できるように働きかけます。

　[C]の領域は子どもが悩みを訴えますが、周囲に聞き入れてもらえない状態です。親をはじめ身近な大人に焦点をおいたアプローチが大切です。

　[D]の領域は子どもが何も話さず、親も子どもに注意を払わない、もしくは無視している状況を示しています。子どもと家族の両方への指導・援助が必要です。

　アセスメントの最初の段階は、子どもと家族の問題が**図表1-1**のどの領

図表1-1　アセスメントの枠組み

域に位置するかを大まかに把握することです。もちろん**図表１－１**の（＋）と（－）は、０か100かと二分されるものではなく、実際には強弱がある連続的なものです。そのうえで、子ども自身と家族などの環境のそれぞれに焦点を絞り、援助と結びつけることを意識してアセスメントを進めます。

２　文脈のなかでアセスメントすること、立場を意識すること

　アセスメントの対象は静止した場面・状態ではなく、過去と未来の流れのなかで生じています。ただし、時間を止めるわけにはいきませんので、連続している局面の１つに注目することになります。つまり、アセスメントは文脈のなかで行なわれることに留意しなければなりません。たとえば、十分に吟味された援助を行なっていても問題が解消されず、ケースが行き詰まることがあります。しかし、時をおいて再び同じ援助を試みると、急に好転する場合もあります。また同じ援助を別のスタッフが行なうことでうまくいくことがあります。このような場合は、これまでのうまくいかなかった事実が蓄積され、それが好転のための土台になっていたと考えられます。失敗の積み重ねが成功の礎となったわけです。反対にうまくことが運んでいたにもかかわらず、ある時点で抜き差しならぬ事態に陥ることがあります。それは成功のみに目を奪われ、静かに貯まっていたリスクに目が届いてなかったのかもしれません。対象となる局面の流れを意識したアセスメントが大切です。

　１つの局面を取り上げる際に留意すべきことは、流れの傾向をつかむことです。アセスメントしている現状が上がり調子にある局面なのか、それとも下り坂にある局面かという状況の把握です。一見したところ同じような局面に見えても、その実は異なるかもしれません。その局面が下り坂にある場合は、積極的な介入を試みても事態が打開しないことが多いようです。「果報は寝て待て」ではないですが、流れに逆らわず受け流すような支援が必要な時期かもしれません。アセスメントは少し距離をおいて、俯瞰することで流れの方向をつかむことも必要です。

　アセスメントにおける立ち位置にも注意を払うことが必要です。面接でさ

まざまなことを尋ねられたが、見下されているようで不快感を覚えたと言われる方もおられます。そのような上から目線のアセスメントは押しつけがましく、援助の基本であるエンパワメントからもほど遠いものになってしまいます。時にはアセスメントされる側の立場になって考えることも必要です。

3 アセスメントの2つのアプローチ

　対人援助におけるアセスメントには、医学、教育、心理、ソーシャルワークなど、さまざまなアプローチがあります。ここでは発達や臨床の心理学的アプローチと、ソーシャルワークのアプローチを取り上げます。一般的には家族や所属などの社会的環境にはソーシャルワークのアセスメントを行ない、子ども自身の内面や行動については心理学的なアプローチによるアセスメントを実施します。ソーシャルワークのアセスメントは環境の客観的事実を評価することであり、心理学的なアセスメントは子どもが環境をどうとらえているかといった主観的事実を重要視します。臨床実践で活かせる現実的な見立てとするためには、これらのアセスメントを統合する必要があります。

　たとえば、心理学的なアセスメントでは「子どもの発達状況を踏まえると、家族の濃密なかかわりがいま強く求められる」とされました。一方のソーシャルワーク・アセスメントの家族診断では「家族はさまざまな問題を抱えており、とくに母親に対して、いま以上の子どもへのかかわりを求めることはかなりの負担となる」と見立てられる場合があります。このような状況であるならば、無理をして親が子どもにかかわることは、子どもの発達を促すどころか、情緒の安定をかえって損なうかもしれません。反対に、いま子どもへのかかわりが濃密でなければ、発達にとって重要な時期を逸してしまうかもしれません。それぞれのアセスメントの結果がどのようなものであっても、どちらか一方のアセスメントに重きをおくのではなく、折り合いをつけるという発想をもって、それぞれのアセスメントを統合することが現実的であり、実行可能な援助につながります。

4 ソーシャルワークのアセスメント

　ソーシャルワークにおけるアセスメントは、子どもや家族がどのような環境のもとで暮らしてきたのか、現在の生活実態と希望される暮らしや、援助に対する意向を調査することから始まります。そして、調査結果を分析することによって、問題とされている事象と環境との関連を検討し、援助の方針や方法を立案する一連の流れがソーシャルワークのアセスメントです。

どのような環境のもとで暮らしてきたか

　子ども自身の生育歴については、その発達の道筋を知るために丁寧に聞かなければなりません。それとともに家族が歩んできた生活歴をしっかりと把握することが、現在の問題の成り立ちを理解するヒントになります。たとえば、転居を繰り返す家族であっても、父親の転勤に伴う場合と、近隣とのトラブルにより住みづらくなった場合とでは、その意味が大きく異なります。兄弟の誕生だけではなく、離婚や再婚によっても家族の人数は変化します。この変化は家族の生活スタイルに大きく影響し、これまで隠れていた家族の問題を顕わにするかもしれません。

　家族の生活歴をたどる際には、その時代背景もあわせて考えることが必要です。好景気の最中に所帯をもつ場合と、長引く不況のなかで結婚するのとでは、暮らしぶりや精神的なゆとりが大きく異なってきます。このように家族の生活歴を丹念に追うことで、子どもの育ちや家族が直面してきた課題と対処の方法が明らかになり、援助の手がかりを得ることができます。

現在の生活の様子

　生活は一体のものなので、それを細かく分けて考えると生活の全体像を見失う危険性があります。しかし、物事を整理するためには全体を分けて検討しなければ、曖昧なままで終わってしまいます。そこで、家族の構成、家族の現況、所属集団の状況、地域社会の状況に分けて考えます。

◆──家族の構成

　図表1-2は家族の構成を三世代にわたって図示したもので、ジェノグラムと呼ばれています。このジェノグラムは家族の血縁関係をとらえるだけではなく、家族の人間関係の有り様を理解するのに役立ちます。また家族全体が図で示されているので、父母や母子といった2者関係だけにとらわれることなく、家族という集まりをダイナミックに把握することができます。家族と共にジェノグラムを作成し、作成されたジェノグラムを家族と一緒に読み解くことで、それぞれが抱いている思いや家族内の力関係がわかります。たとえば重大な事柄を決定する場合、誰が主導権を握るのか、その決定を支持するのは誰か、反対するのは家族の誰なのかが見えてきます。

　家族の凝集性の観点からジェノグラムを見ることもできます。たとえば困難な事態に直面した場合、家族のまとまりが堅固になるのか、それとも弱まるのかなど、家族の結びつきの強さがはかれます。このようにジェノグラムは、家族の問題解決に向けての力量や、家族が内包するリスク（よわみ）とストレングス（つよみ）の理解に有効なツールです。

　図表1-2を見ると、母親は結婚、離婚を繰り返し、対象児のA君には親が異なる4人の兄弟がいることがわかります。また父方祖母や母方祖父は既に亡くなっています。こういった状況では家族の関係性にどんなことが生じやすいか、さまざまな仮説を立ててみてください。

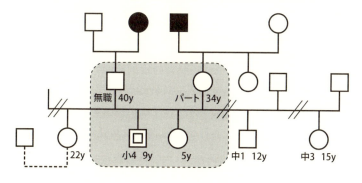

図表1-2　A君を対象児としたジェノグラム

1　児童福祉臨床におけるアセスメントの実際

◆——家族の現況

　家族の現況については、心身の健康状態、職業や経済的状況、居住環境などの項目を見ていきます。健康状態については、内科的な病気だけではなく精神的な疾患があれば、生活は一層困難な状態になります。あるお母さんは一切のゴミを溜め込み、ゴミ袋が家のなかに山積みにされていました。そのお母さんは周囲から監視されていると思い込み、暮らしぶりがわかってしまうゴミを出せなかったのです。そのために近隣から非難され、孤立してしまいました。

　健康状態は本人の問題だけではありません。家族の誰かが病気を患ったとき、看病や病院に付き添うのは誰なのか、医療費を捻出する手立てはどうするのかなど、家族全体にのしかかる大きな問題となります。現在の少子高齢化社会では、介護問題も無視できません。たとえば、平日は母親が嫁ぎ先の実家に出向いて義母の介護を行ない、週末は父親が泊まり込むような状態が長期間にわたって続いている家庭があります。このような場合、父母の心身の負担は生活全般に影響を及ぼします。また介護されている本人も苛立ちを感じているかもしれません。家族の誰か１人に起こった問題であっても、それは水紋が広がるように家族全体の問題となります。

　就労や経済的な状況は、生活を営むうえで最も重要な事柄です。一昔前とは違って、現在は正規雇用ではなく派遣やパートなどの勤務形態も多くなり、安定した収入が得にくくなっています。そのために給食費の納付が滞ったり、修学旅行費が積み立てられなかったりなど、子どもの学校生活に直接的な影響を及ぼしています。またそれらの滞納などは「友だちに知られたくない」といった恥ずかしさを子どもに感じさせ、その心に影を落とします。

　保護者の金銭管理能力も大きな問題です。あるケースの保護者は高額な学習教材をローンで購入し、その支払いのために家賃が払えず立ち退きを迫られました。また何回も借金の肩代わりを実家にしてもらい、「これが最後」と縁を切られてしまった父親もいました。家庭の収入と支出状況の把握や、保護者の金銭管理能力の評価は必要なアセスメントです。

　どのような家に住んでいるのかという居住環境については、暮らしの快適

さとともに安全配慮への視点が重要です。ある家庭を訪問したときには、2歳の幼児を育てているにもかかわらず、コンビニ弁当やカップ麺の空き容器が散乱していました。それだけではなく炬燵の上の灰皿は吸い殻で溢れかえり、火事や誤飲の事故が起きても仕方ないような環境でした。居住環境を見ることによって、面接調査だけではうかがい知れぬリスクや、保護者の家事能力を確認することができます。

◆──所属集団の状況

　子どもはその成長に合わせて、保育所・幼稚園、小学校、中学校、高校などに属しています。それらの所属先が問題の解決に向けての役割を十分に果たしてくれるかどうかを評価します。地域に根ざした伝統のある学校と新興住宅に新しく開校された学校では、校風がまったく異なっています。児童数の多い大規模校とそうでない学校では、子どもに起こった同じような問題であっても、そのとらえ方が違ってくるかもしれません。子どもにとって身近な存在である学校の教師のこともよく把握してください。担任の教師が親身になって子どもに積極的にかかわっておられるのか、それとも控え目に見守っておられるのかなどについて知ることです。ある教師は子どもが抱えている問題にまったく気づかず、後で悔やまれていました。また1人の教師の力量だけではなく、その教師を支える先輩教師や同僚との信頼関係、校長や教頭のリーダーシップの要因なども、子どもが抱える問題の解決に関連しています。

　所属するクラスやクラブなどの集団における子どもの立場も、アセスメントの対象となります。担任や生徒指導の教師の熱心な指導にもかかわらず、家出を繰り返す生徒がいました。その中学生は高校入学後に「あいつから言われて腹が立ったけど、あいつのおかげで頑張れた」と、友人のことを振り返っていました。大人の指導や指示よりも、友だちの存在が何よりも役立ったエピソードです。反対に、ある子どもの存在が恐怖心や不安感を高め、子ども集団に入れない場合があります。他児や集団からの拒否や排斥は、子どもの安全・安心を脅かします。ムードメーカーで人気者なのか、無視されて

孤立しているのか、我関せずで傍観者的なのか、子ども集団のなかでの立場はいろいろです。子どもがその立場にいる理由も見極めたいものです。

◆──地域社会の状況

ある住宅地は丘陵を切り開いて宅地が造成され、1970年代半ばに新興住宅地としてスタートしました。当初は30歳前後の父母と小学校に通う子どもの核家族が多く、自治会や子ども会などが新しく組織されました。夏休みのラジオ体操や盆踊りなども開催され、住民同士の交流も盛んでした。しかし、40年ほど経った現在の住民の多くは退職された夫婦であり、かつての子どもたちは独立して他所に移り住みました。以前のような地域住民が集う行事もほとんど開催されなくなりました。

子育て家族が多い地域なら、ご近所の立ち話で子育てが話題となります。このちょっとした会話が子育て家庭の孤立を防ぐことになります。子育てにとって心丈夫な地域であるのかどうかも評価してください。

5 アセスメントツールの活用

家族の暮らしに影響を与えている機関や人物の関係性を明らかにするツールに、エコマップがあります。図表1－3はある家庭を取り巻く機関や人物との関係性を示したものです。この家庭は多くの関係機関や関係者のネットワークのなかにあり、孤立しているわけではありません。しかし、それぞれとの関係が良好なものとは限りません。ある関係は依存的であり、他の関係は敵対的であるなどさまざまです。また関係機関のつながりも十分とはいえません。エコマップでは個々の関係だけではなく全体像をとらえることができるので、各機関が提供できるサービスが明らかになり、それぞれの役割をお互いに知ることができます。エコマップを作成することによって、子どもと家族が住む地域の社会資源の有効活用や開発の手がかりを得ることができます。

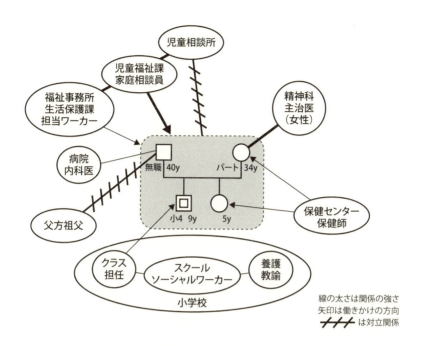

図表1-3　エコマップ

6 心理アセスメント

　心理アセスメントとは、子どもが抱える問題を見極め、その解決に向かう子どもの資質等を査定・評価することです。子どもがどのようなことで困っており、悩んでいるのかを確認するとともに、自分自身をどんな子どもだと思っているのかという自己評価や、その子どもが望む変化の状態を把握することが心理アセスメントです。そのために子どもの印象や行動的特徴、知的能力や精神発達、情緒や性格、家族や学校への思いなどがアセスメントの対象となります。

　心理アセスメントレポートは、ワーカーが関係者から聴取した情報を参考に、面接記録や心理検査所見にもとづいて作成されます。ここでは心理アセスメントレポート（創作）の一例を項目ごとに分割して提示します。所属機

関によって規定の書式があると思いますが、よりよいレポート作成のための「叩き台」としてください。

基本的事項

対象となる児童の基本的な事項を記載します。児童名については、正しい文字が用いられているかどうか、たとえば、「河」という文字だと思っていたが、本当は「川」であったり、川の読みが「ガワ」ではなく、正しくは「カワ」であったりします。正確な文字と読みは、その人を尊重するための基本です。また「ウミちゃん」などの愛称やニックネームを必要に応じて記してください。愛称は子どもの全体的な印象や、周囲の大人や子どもとの関係性を理解するのに役立ちます。

主訴の欄には、誰が、どのようなことで困っているのか、問題と見なしているのかを、その人の言葉で記すことが基本です。主訴は1つとは限らず、子ども自身と関係者では異なります。まず、それぞれが表明したニーズにしっかりと耳を傾けなければなりません。

ケースの真のニーズを把握し、子どもにとって何が大切なのかを考えて、心理アセスメントの目的を設定してください。

心理アセスメントレポート

○児童名（フリガナ）	山川 宇美（ヤマカワウミ）	○面接・検査年月日	平成X+9年 9月6、9日
○性別・年齢	男児・9歳3か月	○生年月日	平成X年 6月2日
○所属	○○小学校4年	○実施場所	センター心理相談室
○実施検査	新版K式2001、人物画検査、P-Fスタディ、ロールシャッハテスト		
○主訴	〈本人〉「家に帰りたくない」 〈母親〉「嘘をよくつく」「突然に怒り出し、物を投げつけたりする」 〈学校〉「友だちとうまくつきあえず、授業中にボーとしている」		
○目的	虐待による心理的な影響を査定し、今後の支援について検討する。		

外見と行動的特徴

子どもの外見的特徴には、背の高さ、肥満や痩せといった体つき、肌の色つやなどがあります。それらの特徴から現在の健康状態や栄養状態がわかり

ますし、これまでの食生活を推測することもできます。もちろん、身長や体型などは父母の遺伝的要因の影響もあります。また虫歯については、乳幼児期に歯磨きの習慣がきちんと形成されなかったのか、放置されたままで歯医者さんに通わなかったのかなどの情報を得ることができます。このように、子どもの外見から、成長の様子や保護者の養育態度も推測することができます。他にも着ている服が体型や季節にあっているかなどから、親の子どもへの思いや、家庭の経済状況を推測できます。

　行動的特徴は、子どもの臨床像を浮かび上がらせ、関係者の印象形成につながる重要な要素です。とくに他者との関係において特徴的な行動が浮かび上がってきます。人との接し方は、相手が大人か子どもか、同性か異性か、初対面か慣れた人物なのかで異なります。ある子どもは大人に対して常に反抗的な態度を示していました。彼にとって、大人は自分を守ってくれる存在ではなく、暴力を振るってくる理不尽な存在だったのでしょう。しかし、自分より年下の幼い子どもには優しく接することができていました。これは日常的に弟や妹を守ってきた経験の反映だと考えられます。このように大人や子どもへのかかわりは、その関係性に応じて友好的、親和的、敵対的、支配的、服従的などとさまざまです。子どもの対人的な行動特徴から関係性の基本的な有り様を把握し、その理由を探ってください。

　同じようなストレス場面であっても、その反応は三者三様です。たとえば、こんなことがありました。子どもが用事を言いつけられたときのことです。ある子どもは用事の内容がわからずに黙ったままで固まってしまいました。別の子どもはとりあえず「ハイ」と返事し、愛想の良さを示しました。また、もう1人の子どもは他に言いつけられたことをしているうちに、わけがわからなくなって混乱し、慎重に運んできた物を無造作に放り投げたりするなどの行動を示しました。このように固まってしまったり、愛想が良かったり、混乱するなどの反応から、その子どもの全般的な行動傾向がわかります。

　行動的特徴をとらえるときには、時間的な経過の違いを見ることで有効な情報を得ることができます。はじめから最後まで始終黙ったままであった

り、時間の経過と共に人や場に慣れてきてリラックスしたり、時には羽目を外しすぎる子どももいます。時間的経過による変化は子どもの対人的な距離感をあらわします。

　ところで、行動的特徴の記述にも留意が必要です。たとえば、「落ち着きがない」と「座っていられない」とでは、同じような意味であっても、そのイメージのしやすさや他者と共有しやすさが違ってきます。より具体的な記述としては、「1分と座っていられない」というのはどうでしょうか。最初の「落ち着きがない」は行動的特徴というより、ある行動に対する評価・所見と考えたほうがよいでしょう。ですから行動的特徴とその所見の記述は、「1分と座ることができず、落ち着きがない」となります。

> ○外見と行動的特徴
> 　4年生にしては身長が低めで小柄であり、虫歯が目立っている。きれいに洗濯されているが、首回りがややくたびれたTシャツを着ている。
> 　睨むような目つきに警戒感がうかがえ、「知らん」などと拒否的な言葉が多い。しかし、褒められたり優しい言葉がけには、戸惑いの表情をみせる。

知的レベルとその特徴

　ある入所施設の中堅児童指導員から、「知能指数って当てになりませんね。A君はもっとできますよ」と言われました。彼は普段の生活で発揮される対処力を知的能力とみなしていました。ですから、「5、3、7 ……」等の数字を即座に繰り返す短期記憶が不十分であっても、道行く人や駅員さんに尋ねながら初めての場所にたどり着くことができたので、それを高い知能を有している証拠だと考えていました。知能検査や発達検査の手引きや解説書に従った分析はもちろんのことですが、それに加えて面接でのやり取りや普段の様子を考え合わせ、知的能力を査定することが大切です。また知能検査だけではなく、投影法などの他の検査からも知的能力に関する情報を得ることができます。たとえば、ロールシャッハ・テストでは、図版の模様を全体としてとらえているのか、それとも1つの部分のみに注目しているのか、

さらには部分と部分を関係づけているのかなどは、外界の刺激を処理するための重要な知的能力です。

知能検査や発達検査の結果について、遅滞の有無を記述するだけでは指導や援助に結びつかず不十分です。指導や援助につなげるためには、検査結果を遅滞の有無、能力の程度、領域等の偏り、個々の能力間の優劣の4段階で分析するのが一般的です。

◆──遅滞の有無

精神発達遅滞の有無については、多くの場合、ICD（WHOによる国際疾病分類）、DSM（アメリカ精神医学会による精神障害の診断と統計のマニュアル）や、AAIDD（アメリカ知的・発達障害協会）などの定義に沿って判断されています。国内の障害福祉分野では、療育手帳制度に関連した定義や、厚生労働省が実施した「知的障害児（者）基礎調査」の定義があります。これらにおいては、精神発達遅滞の有無を「概ね70以下」などと「概ね」という表記が用いられています。この「概ね」がプラス・マイナス「5」なのか、それとも「7」なのかについては人によってとらえ方が違います。そのため組織・所属での共通理解と、一応のコンセンサスを得ておく必要があります。

◆──能力の程度

能力の程度については、遅滞のレベルでは最重度、重度、中度、軽度の4段階があります。その次に境界知能段階があり、そして遅滞が認められない標準レベルに分けられます。標準レベルも平均下位、平均、……などと細分することができます。

◆──領域等の偏り

領域等の偏りは、類似の知的能力群や各発達領域の関係を見ることによって明らかになります。「領域に偏りがなく、まとまった発達を示している」などと判断します。新版K式発達検査2001では、姿勢・運動（P-M）、認知・適応（C-A）、言語・社会（L-S）の3つの領域に分けられていま

す。たとえば、認知・適応領域と言語・社会領域の発達年齢を比較した場合、就学前で1年半以上の差違があるなら、「領域による発達の偏りが認められる」と判断すべきでしょう。

◆――個々の能力間の優劣

能力間の優劣については、知能を構成する下位能力を比較することで判断することができます。個々の能力には、短期記憶能力、文脈把握能力、習得知識や概念化能力などがあります。それらを得意（長所）と不得意（短所）に分けて、丁寧に見ていきます。ある子どもは優れた概念化能力をもっているにもかかわらず、知識量が乏しいために、その知的能力を十分に発揮できませんでした。これを自動車にたとえると、高性能のエンジン（概念化能力）を搭載しているのに、ガソリン（知識）が十分に入っていないために、少しの距離しか走れないというものです。つまり、各能力のバランスがよくなければ、適応的な行動は発現しにくいのです。

以上のように、知能検査、発達検査の結果を手引きや解説書に従って丁寧に分析するとともに、子どもの日常生活と関連させて知的能力を評価してください。

> ○知的レベルとその特徴
> 　発達検査の結果は「平均下位」のレベルにあり遅滞は認められないが、一時的に記憶を留め置いて別の操作、作業するといった能力（ワーキングメモリー）の弱さや、気持ちや意見を述べるための語彙量、知識の乏しさが示された。しかし、物事の関係性に注目し、その統合を図る能力は高かった。また日常の生活場面においても、周囲の状況を察する力が優れ、「かしこさ」が感じられる。ただし、一歩踏み込んだ問いかけには、すぐに「わからん」と言ってしまう。このことから、表現力の乏しさと深く考えることを避けようとする傾向があり、もてる知的能力を十分に発揮できていない。

情緒・行動的側面

保護者や学校の教師に連れられて相談機関にやってくる子どもは、2種類の不適応行動のどちらかを背負っています。一方は万引きや盗み、虚言、金銭持ち出し、家出・無断外泊、恐喝や乱暴などの反社会的行動です。もう一

方は友だちと遊べない、不登校、昼夜逆転、引きこもり、無気力などの非社会的行動です。これらの不適応行動の背景や理由を考えなければ、それらは単に困った行動です。背景や理由がわかったとしても、認めがたく決して許されない行動もあります。解決に向けての援助の実際は、子どもの行動の意味を知り、どのような経緯があって、現在に至ったかを理解することから始まります。

　ある子どもの情緒や行動的側面を把握するために、その子どもが通う保育園に出向きました。保育園では男性の訪問が珍しいのか、たくさんの子どもたちに囲まれ身動きが取れなくなりました。私が子どもたちに向かって「あとでね」と言っても、お構いなしにかかわりを求めてきます。しかし、真っ先にやってきて脚にまとわりついていたB君だけは、急に冷めた顔になって、その輪から離れてしまいました。この行動から、B君は二面性をもった可愛げのない子どもと見なされるかもしれません。しかし、B君が虐待を受けている事実を考えると納得のいく行動です。彼にとっての大人とは、自分を受け入れてくれるか、そうでないかのどちらかであり、その中間はないのでしょう。

○情緒・行動的側面
　自信の乏しさが本児の性格・情緒の基盤をなしている。そのために何事に対しても自発的に取り組むことは少なく、指示が与えられるまで「何もしない」といった傍観的な態度を示すことが多い。このような行動の背景には、勝手に何かをすれば叱られるのではないだろうかという不安もあるようだ。
　叱責や注意を受けると反論や言い訳をすることはなく、「ごめんなさい」と謝ってその事態を表面的にやり過ごそうとする。しかし、ときおり大声をあげて物を投げつけるなどの反応を示す。これらの反応は、情緒的に追い詰められて感情のコントロールができなくなったからだと考えられる。

家族関係

　父親、母親、兄弟姉妹のそれぞれについて、「どんな人？」と質問し、子どもがその家族をどのように思っているのかをとらえます。ただ、子どもの場合はその言語能力や情緒的な要因から口をつぐんでしまったり、事実と異

なることを話したりすることがあります。そんな場合は「お父さんは優しい（怖い）？」とダイレクトに尋ねることもありますが、誘導的な質問であることを踏まえ、限定的に評価してください。通常は「お母さんからお手伝いを頼まれたりする？」などの質問をきっかけとして、普段のかかわりの様子を尋ね、母親への気持ちを把握します。他の家族についても同様に、かかわりのエピソードを話してもらったり、描かれた人物画によって、子どもが抱いている家族それぞれのイメージをつかんでください。

「お母さんはＣちゃんのこと大好きかなー？」などの質問によって、子どもと家族の関係性が把握できます。子ども自身が自分の立場をどのようにとらえているかを押さえてください。また「お父さんと一番、仲の良い家族は誰？」と問いかけることで、子どもの視点からの家族関係がわかります。そこから誰が家族内のキーパーソンとなり得るのかが見えてきます。

> ○家族関係
> 　父や母のことを尋ねると、どのような質問であっても「別に」「わからへん」と答える。そして、父と話し合うことを頑なに拒否し、また母の言葉がけにも邪魔くさそうに頷くのみであった。これらの態度から、父への強い恐れや、父の言いなりになる母に対しての失望感が感じられる。

所属の関係

不登校気味だったＤちゃんが特別支援学級に通うようになって、ほぼ毎日登校するようになりました。少人数クラスと担任の手厚い指導によって、Ｄちゃんは学校に自分の居場所を見出したようです。保育所や学校などの所属先が、子どもにとって安心できる場所であるかどうかは重要なことです。虐待を受けた子どもは手がつけられないほど暴れたり、学校の備品を壊してしまったりすることがあります。不安や情緒的な混乱の表われかもしれませんが、安心できる場所だからこそ、それらの不適切な行動が発現したとも考えられます。

> ○所属の関係
> 学級集団においては孤立しているわけではないが、他児の様子を傍観的にみることが多い。このような態度は、友だちへの関心はあるものの、あえて表面的な関係に留まろうとしているように思える。これは他児との距離が縮まることへの抵抗があるかもしれない。つまり、親しい関係になって傷つけられたりすることへの不安である。
> 担任教師に対しては、承認を求めるような甘えた行動と、それに相反する反抗的な態度が繰り返され、大人への信頼を推し量っているように感じられる。

心理所見のまとめ

　心理アセスメントの目的にそって、評価した内容を簡潔にまとめます。何が問題であり、それはどのような理由で生じたと推測されるのか、解決への道筋が端的にわかるよう記述してください。曖昧さを残した記述よりも言い切るような表現がよいかもしれません。チームを組んだ多忙な他職種のためにも、普通の言葉で書かれた簡潔な文章が望ましいのは当然です。文章では伝わりにくい微妙なニュアンスや詳細な内容は、関係者が集まったケース検討の場で丁寧に説明してください。

> ○心理所見のまとめ
> 本児は小学4年通常の学級に在籍する9歳3か月の男児であり、警戒感をうかがわせるような目つきが印象的な小柄な男児である。精神発達に遅滞はなく、周囲の状況を敏感に察することもできるが、知的能力が十分に発揮できないでいる。
> 虐待に関連した心理的影響として、自信の乏しさや不安が認められ自発的な行動は少ない。普段はあまり目立った存在ではないが、時おり乱暴な行動を示すなど、感情のコントロールが困難になる。また対人関係においては次のような状況にある。
> ●虐待者である父親への強い怖れと、味方になってくれない母親への失望がある。
> ●他児との距離が縮むことへの不安があり、傍観的な立場をとろうとしている。
> ●大人への不信感に基づいた接近と拒否の相反する行動がみられる。
> 以上のことから、安心できる2者関係の形成が心理的援助の当面の目標となり、継続的な面接の実施を要する。
>
> ○作成年月日　平成X+9年　9月15日　○作成者　　　笹　川　宏　樹　㊞
>
> 　　　　　　　　　　○○○子ども家族相談支援センター

7 アセスメントを記述すること

　ソーシャルワークや心理的なアセスメントから総合的な見立てを行ない、援助方針を決めたうえで援助プランを立案します。その過程で各アセスメントを関係者に口頭で説明するわけですが、それだけでは不十分です。アセスメントの結果を文章化して、記録として残さなければなりません。文章を書き記すことによって、アセスメントの内容はさらに吟味され、より明確なものとなります。記録を書く時間がないほどに忙しい児童福祉の臨床現場ですが、アセスメント結果を言い放しで終わらせたくはありません。相談援助の継続性や所属機関の責務として、何よりも子ども自身のために、アセスメントを記録することの大切さを再度、確認しておきます。

◎文　献

犬塚峰子ら「虐待を受けた子どもの心理診断のための半構造化面接法の開発（2）」（厚生労働科学研究費補助金（子ども家庭総合研究事業）児童福祉機関における思春期事業等に対する心理的アセスメントの導入に関する研究（主任研究者　西澤哲）、平成17年度研究報告書、7－77、2006年

大塚達雄ら編著『ソーシャル・ケースワーク論──社会福祉実践の基礎』ミネルヴァ書房、1994年

厚生労働省雇用均等・児童家庭局総務課『子ども虐待対応の手引き（平成25年8月改正版）』（平成25年8月23日付雇児総発0823第1号）2013年

厚生労働省雇用均等・児童家庭局『児童相談所運営指針』（平成25年12月27日付雇児発1227第6号）2013年

心理職はアセスメントで何をすべきか

梁川 惠

　心理職が他職種の人たちと協働（コラボレーション）するには、共通言語が必要です。また、相談事例を検討するときには、自分だけの狭い専門分野だけで考えるのではなく、他職種による幅広い考え方を加えた網羅的・俯瞰的な視点が大切です。

　アセスメントを行なう場合、集まりやすいのは過去と現在の情報です。これらは大切な情報ですが、それだけでは不十分です。とくに心理職においては、未来についての情報（心理テストデータ等にもとづいた予測）をどれだけ集めて他職種と共有できるかが、アセスメントを支援に役立てようとする際の鍵になります。

　アセスメントは、ほとんどの場合、うまくいっていないケースに実施します。そのようなケースの問題については他職種と共有されやすく、またクローズアップされます。しかし、どんなケースでもすべてがうまくいっていないわけではなく、うまくいっている事柄もあるものです。ただ、うまくいっていることの情報は少なく、共有されにくい傾向があります。そのうまくいっている部分の情報を集め、未来についての情報とともにアセスメントすることが重要です。心理職の役割は、それらの情報を他職種の人たちにもわかるように、できるだけ専門用語を用いず、また具体的なデータや面接結果を用いながら説明することです。他職種と連携をはかり、関係者が一致して継続的な支援をしていくために心理職の役割は非常に重要なのです。

以下、いろいろな職種がかかわる例として、①情緒障害児短期治療施設、②自閉症スペクトラム、③心理士のアンデンティティにかかわる発達検査、について考えてみることにします。

1　情緒障害児短期治療施設の子どものアセスメント

　情緒障害児短期治療施設（通称「児童心理治療施設」、以下、情短施設）とは、児童福祉法第43条の5の規定にもとづいて設置された児童福祉施設で、軽度の情緒障害を有する児童を短期間入所させ、または保護者のもとから通わせてその情緒障害を治し、あわせて退所した者について相談その他の援助を行なうことを目的としています。現在、全国の情短施設では、在籍児童に占める被虐待児童の割合が高くなっています。被虐待児は、保護されればすべての問題が解決されるわけではありません。子どもが情短施設に入所すると、支援していくためにアセスメントを行ないます。

　施設で生活していくためには、子どもと職員との基本的な信頼関係がまず必要になります。基本的な信頼関係とは、子どもがその施設で生活しようと思い、生活するためのいろいろな約束事を受け入れようとするために必要な、基本的な関係のことです。

　入所後、1週間ほどで子どもの基本的な生活の仕方（衣食住）がわかります。特別な支援は行なわなくても、3か月ほど一緒に生活すればお互いの気心がわかってきて、子どももやっていけそうだという気持ちになるようです。そして、入浴、食事、起床・就寝、テレビの視聴、ゲーム、日常会話や学校での様子、親子関係の様子等についての情報をつうじて、さまざまな側面についてアセスメントされ、支援目標が立てられます。

　たとえば、お風呂でタオルに石鹸をつけたり服をたたむのが苦手だったり、机やベッド周りの後片付けができない子どもに対しては、「経験の不足」とアセスメントされ「経験の拡大」が支援目標になるでしょう。具体的な対応としては、石鹸のつけ方や整理整頓の仕方を教える（モデルを示す）ことになります。また、机に肘をついて食事をしたり、人と協力して生活す

ることが苦手な子どもには、「マナー作りや対人関係の学習」が支援目標になるでしょう。どのような支援がその子どもに合っているかは1人ひとり違います。進んでいくペースも1人ひとり異なります。職員のペースにすべての子どもを合わせるのではなく、1人ひとりの子どものアセスメントに合わせて支援していくことが大切です。支援方法を決める場合には、事前に子どもとよく話し、子どもがどうしたいかを見極めます。

　基本的な信頼関係ができていないときには、職員が努力したとしても支援はなかなか進みません。その場合は、課題が多く見られても生活するうえで最低限の行動のみを求め、信頼関係の形成自体を主な支援目標にすることが重要です。たとえば、子どもが自室から食堂に出てこられない場合は、その子どもが自室で食事をすることを認めるにしても、「食事ができたよ」と必ず声をかけるようにします。職員がネガティブな気持ちをもっていては支援は進みません。①現状を認めること、②子どもが食堂でみんなと一緒に食事をしたい気持ちがあることを理解すること、③職員に具体的な対応方法を示すこと、が大切です。状況を俯瞰的に見て支援目標を明確にし、次にその支援目標を達成するための支援方法を具体的に作成して職員間で共有することで、効果的な支援が可能になります。

　生活の支援には職員の経験や価値観が大きくものをいいます。そして、具体的な支援方法について職員間で共通の言語をもつためにアセスメントが必要です。子どもが何ができないかを明らかにすることは大切ですが、子どもがどうなりたいかをアセスメントすることはもっと重要です。そのことがわかれば、職員と子どもが信頼関係をもって支援を進めていくことができるでしょう。

2 情短施設の親のアセスメント

　情短施設の目標の1つは、親子の分離ではなく家庭復帰（家族再統合）であり、それに向けた支援計画を親と一緒に作っていきます。親が重荷に感じるような難易度の高い課題では自信をなくしてしまい、家庭復帰への動機づ

けが下がってしまいます。やさしい課題からむずかしい課題へと成功体験を重ねながら進めていくのがよいでしょう。たとえば、①施設内での親子の面会（やさしい課題）、②半日程度の親子での外出（やややさしい課題）、③日帰り帰宅（ややむずかしい課題）、④宿泊帰宅（むずかしい課題）の順に進めます。季節に合わせた衣服の用意ができるかどうかとか、親と子どもの面会時の子どもの表情の変化や態度や発言などの情報などが、アセスメントの材料になります。

　子どもの安全を守るためにリスクをアセスメントすることはもちろん大切ですが、「親のつよみ」「家庭復帰のつよみ」をアセスメントすることが、家庭復帰にはさらに必要だと思います。また、そのようなつよみを学校、児童相談所等の関係者に説得力をもって伝えられることが大切です。

　ではここで、情短施設でのケースカンファレンスによる支援目標と支援方法の立て方について、具体的に見てみましょう。事例は実際のものをもとに創作したものです（以下、同様）。

《児童》マリコ（入所時小学校５年生）
《家族》母親、マリコ、弟（6歳）
《入所理由》
　マリコは地域で徘徊し、迷惑行為、万引きを繰り返している。登校はあまりしていない。母子関係不調で、その関係改善のためにと母親から入所希望があった。マリコも入所を希望した。マリコは、「登校して友だちを作りたいので、施設から別の学校に行きたい」「母親とはケンカばかりしているので仲直りしたい」「昼夜逆転しているので、施設で生活を立て直したい」「ムカつくことがあっても乗り越えたいと思う」と述べた。
《退所のための目標》①スキルの向上。②対人不信の改善。③怠学状況の改善。④家庭復帰のための親子関係の改善

▶ 入所１週間後のアセスメント
《学校》九九を忘れている。小学校３年生程度の勉強をする。

《対人関係》同室者の女子に悪口を言ったりケンカをする。男子と鬼ごっこをして遊ぶ。職員にはいいところを見せようとして無理をしているようだ。
《プレイセラピーでの評価》施設の生活には慣れたし困っていることはないが、リラックスするところまではいかない。
《今後について》家庭復帰に向けて、マリコと母親の面接を施設内で続ける。

▶ 入所1か月後のアセスメント

　学校の勉強はむずかしい（とくに算数）。本が好きだということがわかった。対人関係では、他児を巻き込んで問題を起こす。学校では男子に興味をもつ。母親との面会では自分の思いは積極的には話さない。母親はマリコの弟をしっかりと養育している。
《今後について》面会や外出によって母とのよい関係をもつことで、施設にいても家族に見捨てられていないという感じをマリコにつかんでもらう。
《支援目標》①施設、学校に慣れる。②職員と本児との信頼関係の形成。③基礎学力をつける。④読書するように促す。⑤対人スキルの向上。⑥親子関係の改善。母親と面会が良好になれば外出も可だろう。小学校卒業時が家庭復帰のタイミングだろう。

▶ 入所4か月後のアセスメント

　学校や施設の生活にけっこう慣れ、マリコ自身も困ることなく生活できているようだ。同学年の小学5年の女子をからかったり挑発したりするが、仲間に入れたり仲よくもできる。子どもらしい面を見せるようになり笑顔も多くなった。態度も反抗的なところが少し減ったように感じる。やさしい声かけや助けるような声かけもできる。男子とふざけて遊ぶこともあるが、小学生女子と一緒にいることが多い。いろいろな活動に、面倒臭がらず積極的に参加するようになった。女子職員に対してくっついたり抱きついたりして甘えることも多くなっ

た。また読書した本の内容について話をしたり、「面白い本を教えてほしい」と相談するようになった。学習については、やる気があり集中し取り組む態度を見せるが、やりたくないものについては適当にごまかそうとすることがある。学力はついてきている。母との面接の様子は良好である。自分の思いを積極的に話せるようになった。半日の母親や弟との外出も良好である。次の目標である月2回の日帰り帰宅について相談していく。
《援助目標》前回のアセスメントで設定した、①の「施設、学校に慣れる」と②の「職員と本児との信頼関係の形成」は目標を達成したため削除する。③④⑤の援助目標は継続。⑥については、「月2回週末に帰省して小学校卒業時の家庭復帰を目標」に変更する。

マリコはその後、毎週末に帰省しながら平日は施設で過ごし、学校にも毎日通って、学力を回復しました。約2年後、中学校に進学するのを機会に、マリコと母親は「家庭で一緒に頑張れそうだ」と自信をもち、退所しました。

3 自閉症スペクトラムのアセスメント

たとえば、ある子どもに行動障害があり「自閉症スペクトラム」と診断されると、以下の支援策が受けられる可能性があります。特別児童扶養手当、ガイドヘルパーの利用、特別支援教育、精神障害者保健福祉手帳の発行などです。つまり、診断がその人がどのような人生を送るのかに直結してきます。

診断はアセスメントの重要な部分です。しかし、自閉症スペクトラムの診断がつけば、他のアセスメントは必要がないわけではありません。自閉症スペクトラムの子どもの困りごとは1人ひとり違います。ですから、たとえばA君についてアセスメントするときに「A君は自閉症スペクトラムだから」と考えるのではなく、「自閉症スペクトラムをもったA君」について考えるという視点が大切です。

自閉症スペクトラムには知的障害が伴ったり伴わなかったりしますが、共

通してコミュニケーション、社会性、想像性（イマジネーション）の障害があります。育てにくさやコミュニケーションのむずかしさなどの理由により、保護者から虐待を受けたり、非行を含むいろいろな行動障害につながることもあります。支援を受けられず成長すると、大人になってからうつ病の診断を受ける可能性もあります。そのような二次障害を防ぐためには早期の支援が必要です。自閉症スペクトラムは器質的な原因によるものですが、「器質的なものだから治らない」ではなく、前述したように「自閉症スペクトラムをもったＡ君」への支援のためのアセスメントが必要です。

自閉症スペクトラムに関するアセスメントにおいては医療分野以外のアセスメントが抜け落ちてしまいがちです。自閉症スペクトラムの子どもが抱える問題には学校や地域に関するものが多いので、家庭環境や学校生活等の環境についてのアセスメントを、もっと行なうべきでしょう。

その際、親からの聴取内容も盛り込むことで、アセスメントをさらに補強することができます。母親から直接に聞いた内容は、「母親は〇〇だと言った」と記述できます。母親が幼稚園の先生から聞いた内容だと、「幼稚園の先生は〇〇だと言ったと母親は言った」と記述できます。伝聞情報には聞き手の判断が含まれていますから、その内容によって断定するのではなく、「〇〇かもしれない」という可能性のレベルに留めておいたほうがよいと思います。

《児童》アキラ（7歳11か月。小学1年生。体格は大きく、ぽっちゃりしている）。

《主訴》 不登校。小学校から「保護者の養育が不適切でネグレクト」と虐待通告があった。

《家庭状況》

- 母親（38歳）。無職。療育手帳所持（知的障害認定）、障害基礎年金（2級）を受給。食費は家に入れる。コーヒー代やお菓子代などは障害基礎年金から支出。うまく話が伝わらず、イライラして物を放る行動がある）。

- 母方叔母（34歳）。無職。療育手帳所持。8年ほど小さな会社で雑用等の仕事をしていた。「いじめられる」という訴えで退社。その後、就職活動は不調で、福祉就労を紹介されたが、賃金の安さを理由に応じず、アキラが学校から帰ってくると一緒に遊んでいる。
- 祖母（61歳）。無職。ほとんど自分の意見を述べない。理解力の弱さがみられる。
- 祖父（63歳）。警備業務に従事している。

《発達検査結果》

　7歳11か月時、総合発達指数（DQ）73。境界線級精神発達（療育手帳該当）。全般的な発達の遅れがみられ、発達障害（自閉症スペクトラム）の疑い。社会性・コミュニケーションがとくに苦手である。

《経過》

　養育状況は不十分で登校しないことが多いが、衣食住については問題なく、ネグレクトについては認定されなかった。母親がアキラの療育手帳を申請し取得。関係機関が協議し、アキラの登校が安定するまで移動支援（福祉サービス）を認めることを決定した（福祉サービス事業所からガイドヘルパーが派遣され、登下校時に付き添う）。同居の叔母に就労継続B型施設での就労が提案され、毎日の就労を始めた。アキラのために家庭訪問する教師が通常学級の担任から支援学級の担任に変更された。支援学級の担任と家族の関係は良好。支援学級通級を機に登校継続が可能になった。また、放課後等デイサービス施設に通所できるようになった。将来は、支援学校高等部を経て一般企業での企業就労を目指すことになるだろう。

　この事例には、①被虐待、②不登校、③自閉症スペクトラム、④知的障害、⑤障害者就労、などの要因が絡んでいます。アセスメントと支援を行なうには、心理士だけではなく、市町村の大人と子ども両方の知的障害のソーシャルワーカー、学校、児童相談所等の関係者が多職種で相互乗り入れする

（インタープロフェッショナル）、多職種協働が必要です。

4 障害分野での発達検査

　心理士が障害分野でアセスメントを行なう場合は、行動観察と発達検査を用いることが多いと思います。子どもの行動を観察することで、子どもが新規場面において人との間でどのような行動をとるか、どのような適応状態にあるかなどを見ることができます。心理検査では子どもの全般的な発達状態や発達の偏りなどがわかります。

　心理士が行なうアセスメントの目的は子どもについての分析です。ところが、何のために心理検査をしているのかわからない事例に出会います。心理検査の分析だけが主眼とされていて、子どもについてトータルに記述しようとする意識が見てとれない場合です。心理検査は、あくまでも子どもをアセスメントする道具に過ぎませんし、検査ではなく子どものことが語られなければなりません。

検査における行動観察と分析

　心理検査場面の子どもの行動を記述する場合は、仮説や推測なしに、子どもの行動を記述するべきです。また、子どもができないことだけを記述するのではなく、できたことも含めて、まず行動全体をざっくりと記述することを勧めます。記述した量が多ければよいというものではありません。量が多くても子どもの行動の全体像がさっぱり見えてこないものもありますし、逆に5〜6行の記述のなかに的確にまとめられたものもあります。

　検査者がある程度の経験を積んでくると、検査項目への反応も含めた検査場面での子どもの行動全体から、その子の行動のおおまかな特徴が見えてきます。そして、その次に個々の反応ごとの特徴を見ていくと、それらは全体のおおまかな特徴に統合されていきます。このことが、反応の細部の違いにばかり注目しすぎて混乱し、全体像が見えなくなるのを防ぎ、バランスのとれた「分析・解釈」につながります。

初心者のかたがたは、あわてずに経験を積み重ねながら、自分の行動観察力や反応の分析力のアップを待つのがよいと思います。

心理判定所見と協働、助言

　私は、心理判定所見は心理士以外の他職種のスタッフと協働するためのツールだと考えています。心理判定所見には検査用語や心理学の概念は用いず、普通の言葉で記述することを心掛けることが大切です。また、心理判定所見の子ども像を記述する欄には「示唆される」や「推測される」という記述をしないように心掛け、できるだけはっきりと、「○○である」と書くようにするべきだと考えています。というのは、心理士が「○○である」と明確に言えなかったり、抽象的にしか記述できなかったりすると、他職種は○○を支援の材料として採用しにくいからです。他職種は、限られた時間のなかで重要だと判断した内容を共有して支援します。仮に心理士の○○に関する判断に結果として不適切な部分があったとしても、その○○が重要なテーマの1つとしてあげられていたこと、漏れていなかったことが重要です。ですから、ケースにとって重要だと思われることほど明確かつ具体的に記述してほしいのです。

　反対に、「○○が必要である」という断定的な記述は、心理判定所見のなかの「かかわり」の提案の部分には向かないように思います。「かかわり」は他職種と協働して行なうので、心理士が1人で結論を出すのは好ましくありません。心理職がやらなければならないのは心理職からの情報提供や提案です。かつてのように障害児施設への通所が「措置」（通所施設を一方的に言い渡すことなど）だった時代は、指示的な内容でよかったのですが、現在はそうではありません。ケースの関係者が全員合意に到達できるような案を記載する必要があるように思います。

　さて、発達検査を実施したあと、その結果にもとづいて私が子どもの保護者にどのように対応しているかを紹介します。私は、メモに書くという補助手段を用い、相手が説明を理解し納得できているかどうかを確認しながら説明しています。相手が理解できていないと説明する意味がありません。そし

て、相手の理解度に合わせて説明するようにしています。

　メモには、発達指数や発達年齢、得意な能力や苦手な能力について書き込むようにしています。発達指数については、現時点でどの程度（％）の能力を発揮できているのかを示すものだという説明も加えます。保護者に「（メモを）よかったら差し上げましょうか？」と言うと、全員がもって帰ります。このメモ書きを保護者は保育所や学校にもって行ったり、ガイドヘルパーに見てもらったりするでしょう。検査場面だけで完結するのではなく、メモ書きをいろいろな場所での支援に役立ててもらうためのツールとして利用してもらえればと思います。

障害福祉分野での行政の変化

　療育教室を利用する場合、現在は障害を問わず療育するため、それぞれの障害の程度を明らかにする必要がなくなっています。障害は何であれ、どのような支援が必要かを明らかにするために、サービス等利用計画を作成するよう求められています。したがって、いずれ制度として発達検査をルーティーンに行なうことはなくなるかもしれませんが、子どもの療育現場では、障害を問わず発達検査が重要であるというのは変わらないので、発達検査についてはそれによる情報の中身がより役に立つかどうかが、さらに問われてくるでしょう。

　この、障害は何であれ、どういう支援が必要かという方向での行政の変化は、知的障害者の例にも表われているように思います。通常、平均の能力の70％以下の能力が示された場合に知的障害と名づけられています。私の印象では、以前は知的障害者として企業に就労するためには、60〜70％程度の能力を必要とされていたと思います。ところが、最近は企業の受け入れ動向がよくなったためか、40％程度の能力レベルの方が就労するケースが出てきたという印象があります。社会で生きていくうえで知能レベルのウエイトが下がり、それよりももっているスキルのバラエティー（社会性や意欲、その他）の価値が増してきているのだと思います。アセスメントに関しても、知能の弱い部分だけではなく、日常生活能力や性格面のつよみの部分が重要に

なってきていると言えるでしょう。

◎文　献

『児童福祉六法　平成26年度版』中央法規、2013年

全国情緒障害児短期治療施設協議会編『子どもの相談・治療ハンドブック』日本評論社、2000年

米川文雄『児童福祉の深層問題と専門家の目』日本精神病院協会雑誌19 - 11、2000年

私はこう読んだ　補足しておきたいいくつかのこと
川畑 隆

　著者2人の「心理所見」の書き方に関する共通点の1つは、「曖昧さを残した記述よりも言い切るような表現（笹川）」を勧めているところです（梁川さんは、心理所見にもとづく支援について書く場合には「○○が必要である」という断定はふさわしくないとも書いています）。「示唆される」「考えられる」といった曖昧な表現は、自分の見立てを、「そうかもしれないが、そうでないかもしれない」というふうに相対化していて、反対に「である」と断定するときには絶対化していることになるわけですから、断定表現を勧めるときには、「あなたの見立てが相対的な『仮説』であることはみんな承知しているんだから、自己保身的で無駄な表現はやめなさい」という意味も含まれているのでしょう。

　もちろん、具体的な所見の書き方に言及することは、とくに初心者にとってありがたく、「いろいろな書き方がある」というより「こういうふうに書こうよ」と言ってくれたほうが親切で実践的です。しかし、「……という面がなくはない」と書きたい気持ちになって、「そういう面があるのかないのか、どっちやねん！」と自分で自分に突っ込み、「……という面がみてとれる」なんてまだ未練たらたら、「……という面がある」と言い切れず抵抗している私から言わせてもらえば、自分の"見る目"に自信がないのではなく、見られたことの微妙さをそのまま表現したいという気持ちも大切にしてほしいと思ってしまいます。「こんな場合は断定的にとか非断定的にとか、つまりあれはクロでこれはシロなんて言い切れないところもあるから、そういうところにも言及してよ」という感じでしょうか。

　笹川さんの文章は、アセスメントに関する諸項目に自分のこれまでの経験を乗せて、かつ細部をそぎ落として輪郭を表わそうという意図で丁寧によく書かれていますし、梁川さんの文章も、「協働」場面を念頭にこれまで自分が実際に身を置いてきた現場のことを書いていて、そうい

う現場のとくに若い人たちにとってはわかりやすいと思います。ただ、補っておいたほうがいいところがいくつかあります。

　まず、笹川さんの「2の文脈のなかでアセスメントすること、立場を意識すること」に書かれていることは、重要で新鮮な指摘なのだと思うのですが、もう少し具体的に突っ込んでほしかったと思います。相手との「関係性」は常に動いており、相手もこちらも生身の人間であるがゆえにいろんなタイミングなどもあって、そういうものをつかむセンスみたいなものが大切だということでしょう。

　次に、「3のアセスメントの2つのアプローチ」で、心理学的アセスメントとソーシャルワークのアセスメントの2つに分け、「どちらか一方に偏るのではなく、折り合いをつけるという発想で」と述べています。「折り合い」には、親子の双方に「まあまあ」と妥協を促し、同時に不満足感も押しつけてしまってごめんなさい……みたいなニュアンスがあります。しかし、子どもは単に「かまってほしい。でもかまってもらえないから我慢する」というのではなく、親をケアすることを生き甲斐に感じていたりするときがあるのではないでしょうか。もちろん、必要以上の子どもの負担には配慮しなければなりませんが、親を選べない辛さだけではないものも含んだ、かけがえのない関係を生きてる子どもを応援するときには、「折り合い」という言葉には収まりきれないものがあるように思います。

　また、「6の情緒・行動的側面」に、子どもの不適応行動は反社会的なものと非社会的なもののどちらかであると書かれていますが、他の本でもよく目にします。しかし、「反」でも「非」でもないのもあるのではないでしょうか。それは何かと問われても浮かんできません。また、他の分類のしかたもあることでしょう。

　さらに、「6の外見と行動的特徴」ですが、これは笹川さんの叙述についてだけではなく「外見と行動的特徴」からモノをいうときの課題だと思いますが、「それだけしかない証拠で、こうだとはいい切れないのではないか」と突っ込みたくなる場合が多いように思います。「外見と行動的

特徴」だけに限った話ではありませんが、「ストーリー作り」「判定」を焦らないということだと思います。

　以上、笹川さんの文章は、述べたように総合的かつ実際的なのでたくさん食いついてしまいましたが、梁川さんの文章について1点だけ補足しておきます。それは「4の障害福祉分野での行政の変化」で、現在は障害を問わず療育するため、それぞれの障害の程度を明らかにする必要がなくなっている云々と書いてあるところです。梁川さんによると、障害の程度ではなく、どのようなサービス等利用計画を立てるのか、療育はどこで行ない、どういう形が適切なのかについての助言を求められているということでした。

私はこう読んだ　　検査結果と判定所見の違い
伏見真里子

　アセスメントは支援のためのものです。何をどうやってアセスメントするか、収集した情報のどこをどう料理して所見を出すかという実務的なところは後の章に委ねるとして、アセスメントとはそもそも何か、という基本的なことが両者から語られています。笹川さんは、「子どもや保護者に積極的なニーズがないが介入の必要なケース」をあげました。「本人や保護者のニーズがあるかどうかという問題は二の次」と、大胆なことを言っていますが、児童相談所特有の事情、つまり、ニーズのない人たちやニーズを表明できない人たちにも必要な支援はしていくという、行政機関としての使命を反映する言葉だと思います。

　また梁川さんは、障害のアセスメントや情緒障害児短期治療施設の子どもと保護者のアセスメントなどをあげています。相談の入り口（主訴）は何であれ、支援に結びつくアセスメントをすることが大事なことや、的確に書き残しておくことの重要性について両者意見が一致しています。

　さて、両者の文中の「心理検査所見」「心理所見」「心理判定所見」「心理アセスメントレポート」の異同について、みなさんは気がつかれたで

しょうか？ 少しコメントしておこうと思います。笹川さんはその文中で、「心理検査所見」「心理所見」「心理アセスメントレポート」という言葉を分けて使用しています。同様に梁川さんの文中では「心理検査所見」「心理判定所見」という言葉が使われています。

　2人共に、心理検査所見とは単なる検査結果を指しています。梁川さんの言葉を借りれば「心理検査データの技術的な分析」「心理検査データから言えることだけ」となり、社会調査などからわかる子どものことについては意識しないこと、としています。通常は、心理職の所見として心理検査データから言えること（たとえば数値的なこととか、定番の解釈とか）だけに終わらないようにと指導されると思いますので、この部分で違和感を覚えた方もおられると思いますが、梁川さんは、社会調査などからわかる子どもの全体的な姿についての検討は次の段階ですることとして、心理検査所見についてあえてこのように述べています。

　笹川さんも、表現の仕方は異なりますが、同様に、「心理検査所見に基づいて心理アセスメントレポートが作成される」と言い、心理アセスメントレポート（＝心理所見、心理判定所見）の基礎として心理検査所見があり、「検査の結果を手引きや解説書に従って丁寧に分析するとともに～」と述べています。心理検査結果を丁寧に分析するプロセスを経ることが大切であるというのは2人に共通です。

　心理検査所見と心理判定所見はどう違うのか？　一言で言うと、前者は検査の結果、後者は検査結果や社会調査などを総合した心理職としての意見・見立てだと思います。私は、この部分をより明確にするために、「検査結果」「所見」という表現で記録を書いています。梁川さんの言うように、心理判定所見の欄に単なる心理検査結果が書いてある記録をよく見かけます。初心の方は、ぜひ、検査結果と所見という概念の違いを意識して、心理判定所見欄では自分の意見を書いてみてください。もちろん、丁寧な検査分析に裏打ちされたものでないと意味がありませんが、単なる検査結果ではない意見（所見）をもつことが、専門職としての責任ではないかと思います。

第2部

子どもが育つ道筋を考える

　児童福祉臨床の目的は子どもの健全育成です。たとえば不登校相談では、学校に行けたらそれでいいというものでもありません。児童虐待防止活動の一環として子育て支援の重要さが言われるのも、子どもの育ちや育つ場の健全性が大切にされているからです。

　私たちは子どもの育ちの保障を業務とし、職種によっては子どもの心の「癒やし」を担当します。しかし、「育ち」を十分に考慮しているものだけを「癒やし」と呼ぶ場合を除けば、「育ち」と「癒やし」はいつも同じ方向を向いて協力し合っているとは限りません。

　子どもの健全育成が保障されているかどうか、それをアセスメントするときに、何をどのようにチェックすべきでしょうか。もっとも、この時代の流れのなかで、健全とは何かについてよく考えることを忘れてはなりません。

「育ち」と「癒やし」から
乳幼児のアセスメントを考える

大島 剛

　子どもの心理臨床の専門家として、子どものアセスメントについて、とくに乳幼児ないしは乳幼児期の発達を考慮した適切な支援が必要な障害のある子どもたちを中心において述べていきたいと思います。もちろんそれ以上の年齢の子どもたちも扱いますし、大好きではあるのですが、私が重要と考えている子どもの発達臨床においては、乳幼児期のアセスメントを最初に語ることがわかりやすいと考えています。

1 育つことと癒やすこと

　私が子ども臨床の現場でいつも考えているのが「育つことと癒やすこと」というテーマです。その昔、児童相談所で通所指導（継続指導）をしているときに、2つのスタイルが存在して、実際どっちがいいのだろうと悩んだことがあります。どういうことかと言うと、子どもとだけプレイルームに入るか、母子を一緒に入れるかという、2つの通所のタイプが並立していたのです。前者は、臨床心理の業界でよくあるプレイセラピーや各種心理療法を念頭においた通所指導、後者は主に障害幼児などを対象とした療育や母親への教育的な様相をもつ通所指導と言えるかもしれません。通所指導の目的として、前者は心のケア、「癒やし」をすることであり、後者は発達促進、「育つ」ためのさまざまなアプローチであると考えられます。自閉症スペクトラ

ム（以下 ASD）の子どもに対してプレイセラピーは有効か否かの論争もありますが、どちらかの目的、ないし両方を目的とすることが十分にありうるので、子ども臨床の現場では有効かどうかの論争はあまり意味をなさないと私は考えています。発達障害に限らず、虐待や災害、いじめなどによって子どもたちは傷つき、その傷を癒やすことが大切になってくるのですが、ただ傷を癒やせばいいのではなく、その傷を包み込みながら育っていく子どもたちをどう支えるかという、発達の促進を考えていく必要性があります。

　残念ながらわが国では臨床心理士と臨床発達心理士という資格が併存し、何となく臨床心理学領域と発達心理学領域の折り合いが悪いような印象があります（両者がほどよく融合した新しい資格が誕生すればいいと願っています）。私は常々子ども臨床の現場で、この「育つことと癒やすこと」の視点が「アセスメント」にうまく融合され、その後の介入に適切に反映されることが重要だと考えています。

2　子どもは忙しい

　大学の授業で、40週間お腹にいて3000ｇで生まれてきた赤ちゃんが、3か月後には6000ｇの体重になると学生に話し、「もし、みなさんが3か月後に体重が倍になったらどうですか」と尋ねます。学生はリアルに想像し、自分はとても生きていけないくらい大変な状況だと感じるようです。乳幼児の頃は1年前の服は着られないのが当たり前で、言葉を話す、歩く・走る、道具を使う、人間関係の駆け引きが盛んになる……など、大人の時間軸では短い間に子どもたちは質的・量的に大きな変化を示していきます。つまり、この短い期間の活動量、仕事量、負荷を考えると彼らは毎日すごいことをしていると考えられます。まさに子どもは忙しいのです。環境から刺激を受け、身体いっぱいにそれを吸収して変化していきます。子どもたちにとって毎日、毎時間、毎分が新たな学習の連続と考えることができます。1日たりとも子どもたちは発達の手を緩めないので、まさに「子育て」ではなく「子育ち」です。発達心理学や最近有名になってきている赤ちゃん学の知見から

も、これらのことが支持されています。親が早期教育に力を入れているとき、子どもは忙しい最中なのに仕方なしに親の期待に応えて、何とか学習してくれる状況かもしれません。もう一方で、ネグレクトや虐待が起きるシビアな環境では、子どもたちは心身ともに傷ついて学習性無力感を味わうだけにとどまらず、そこで生き残っていくためのさまざまなスキルを学習していきます。人間を信じてはいけないと学習してしまった子どもたちが、うまく社会で生活するのにはかなりの困難を伴います。

3 子どもの適応力、回復力、傷ついて学ぶことのすごさ

　自動車メーカー HONDA のホームページに、「チャイルド・ビジョン*」というものが紹介されています。手軽に作れる、6歳の子どもの視野体験メガネです。子どもの世界を体験するために、授業で学生につけてもらい、いろいろな遊びをやってみます。実は左右の大人の視野が 150 度とすると、子どもの視野はわずか 90 度です。当然、上下の視野も狭くなります。子どもの身長を考慮してしゃがんでみると、そこに見える世界はかなり異なったものです。立っている大人が背中のほうから声をかけてきたときに、後ろにいるその人の顔を見るのにもかなり苦労しますし、階段昇降が転びやすくて危ないし、ましてメガネを装着して自転車に乗ることは怖くてできないくらいです。HONDA は、大人が子どもの体験をすることで交通事故対策になることを目指して、このメガネを提供しているようです。

　だからこそ子どもを大人が守らなくてはならないのですが、私はむしろ逆の意味を学生に伝えています。つまり、鬼ごっこ、自転車乗り、その他の活発な遊びを見ていると、果たして大人が感じるような視野の狭さに対する不安や恐怖を、子どもたちはどのくらい感じているのでしょうか。もし感じていたとしてもそれを克服していくくらいのエネルギーで、すぐに適応していこうとするのではないかと考えられます。ころんだり、ぶつかったり、転落して怪我をしたり、まさかこのような視野の状況だと思いもしていない大人から怒られたりしても、子どもたちは心身ともに驚くほどの回復力を示しま

す。立ち直りが早く変化に即応するため、大人のほうがついていけないこともままあります。発達障害や身体障害の子どもたちは、環境に適応したり学習したりするには不具合が生じる重荷を背負っているので、子どもであるこの負担にプラスされるその生きにくさを、想像しなければならないと思います。

　癒やされることが必要であっても、できるだけ与えられた環境に適応しようと、忙しく学習してしまった子どもたちの姿をたくさん見てきました。虐待を受けた子どもが児童養護施設で元気に生活し始める、津波の被害に遭った子どもが1年後にはプールに入れるようになるなど、成長発達していく子どもたちのエネルギーには素晴らしいものがあります。もちろん生活面で不適応が続いたり、発達が足踏みしたりするような重篤なダメージを示す子どももいますし、元気な子どもたちでも必ず古傷を背負っているので、癒やしの観点は絶対に必要です。

　しかし、癒やすことに重点をおきすぎるのではなく、日々の生活を忙しく学びながら生きていく子どもたちの今までと、これからの「育ちと癒やしの発達プロセス」、つまり育ちだけでなく、どのように癒やされることがどう発達に影響するのかという視点で、「アセスメント」と「介入」を考えていくべきだと私は思います。

4　年齢尺度でイメージする

　この「育ちと癒やしの発達プロセス」を中心に子どもたちのアセスメントを行なうために、私はまずその子どもの人格のさまざまな側面を年齢尺度上に位置づけます。これは、主訴や事前情報、出会ったときの行動観察、そして発達検査施行時に、頭のなかで組み立てていきます。たとえば、運動的側面、認知（探索・操作）的側面、言語的側面、対人・社会的側面、生活習慣的側面、そして特徴的なもっと細かい側面に関して、それぞれが尺度上のどのような位置に留まるかを検討します。そしてその点と点をプロットしていくとそれが現在の発達の様相を示すプロフィールになります。もちろん人格

すべての側面を網羅するプロフィールは不可能でしょうし、情緒的側面などきちんとした年齢尺度に位置づけるのはむずかしいものもあります。

このプロフィールを、人格全体の面から見てこの部分が足りない（よわい）と引き算をする見方があります。WISC 知能検査などでも使われている方法です。しかし一方で、今まで述べてきているように、子どもたちの受胎から始まる成長・学習の積み重ねの結果であるという足し算（積算）で、子どもの人格を見ていくこともできます（**図表3－1**）。

私はむしろこのように考え、それぞれの側面の積み重ねが他に比べて早い－遅い、多い－少ないなど、その積み重ねの変遷の歴史を考察します。たとえば5歳の子どもが、まだ1歳前の子どものように有意語がなくて指さししか出ていない、1歳半児の行動特徴のようにしつこいくらいいたずらを繰り返す、2歳児のように閉じ丸が描けない、3歳児のような自分のことしか考えていない自己中心性が顕著に見受けられたりすると、この子どものある側面はあたかもそのあたりの年齢尺度上に留まっているかのように見えます。

その子どもが示す問題行動が定型発達の軸上、何歳ごろに顕著に見られや

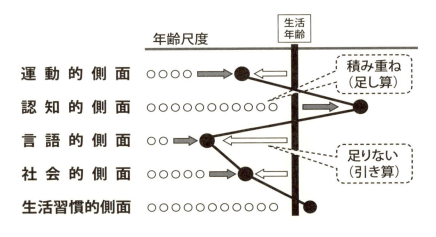

図表3－1　プロフィールの模式図

すい行動かを想定して実年齢よりも低い場合、いまだにそこに留まっていると考えます。そうすると、どうして留まっているのか、なぜ他の行動特徴が増えないのか、なぜこの行動特徴をよく使うのかという疑問を考えやすくなります。そして、なぜそこに留まっているのかという問いに対する仮説を考えることが、その子の発達の本質的な特徴を吟味することにつながります。それは何が原因なのか、生得的な部分のものなのか、その後の環境要因との相互作用なのか、いつごろからいつごろまでの相互作用なのかなどを考えることで、さまざまな仮説が浮かんできます。その場で推測できない場合は、いくつかの仮説を並行しておいて、その後の時間経過の変化で判断せざるをえないこともあります。

5　新版K式発達検査の魅力

　この「育ちと癒やしの発達プロセス」をアセスメントする私にとって最適なツールが、新版K式発達検査2001（以下、K式）です。これを使って子どもたちに出会うことで、子どもの現時点での「育ちと癒やしの発達」の様相と環境要因に関する多くの情報を得ることができます。K式は「検査に子どもが合わせるのではなく、子どもに検査を合わせる」ことのできるものです。本来の生活にある反応パターンをできるだけ確認するために使用するので、まさにこの発達プロセスをアセスメントする目的に合致しているわけです。私はそのK式をとおしてたくさんの子どもたちから、たくさんの反応パターンを経験し、それを支えている生活基盤の多様さとその影響を学ばせてもらいました。

　K式の個々の検査項目の反応は、＋（通過）か－（不通過）を判断するためだけではなく、その検査項目の反応が定型発達の年齢尺度上のどのあたりにあるのかを考えることに役立ちます。そしてK式で描かれるプロフィールは、大まかに検査用紙にある年齢尺度上の位置づけを教えてくれます。数をどのように数えているのか、概念化をどの程度駆使してお話ししているのか、目と手の協応がどの程度進んでいるのかなど、検査用紙に書き込まれ

細かい行動観察や反応の様子から導き出される子どもの姿が、リアルに○歳の子どもによく見られる反応パターンに近いと感じさせてくれます。ここでも前述したように、この子の認知的側面では年齢相応だが、言語能力はまだまだ○歳の子どものものに近いし、対人交流の仕方はもっと小さな年齢児の様子に似ているなど、それぞれの能力を年齢尺度上に位置づけるわけです。これらの詳細は大島ら（2013）を参照してください。

6 津守式乳幼児精神発達診断法の面白さ

　私がこのような発想をするようになったルーツを考えてみると、児童相談所時代によく乳幼児精神発達診断法（以下、津守式）を使っていたからのようです。K式と並行して津守式を保護者から聴取することで、K式だけでは得られにくい生活場面の情報や、保護者が感じているその子どもの発達の力と、私がK式をとおして感じた発達の能力のすり合わせができるように感じていました。それが可能だったのは津守式がK式と同じように年齢尺度を採用していたからで、とくに対人関係・社会性の側面を年齢尺度上に位置づけられますし、K式の検査場面における反応とリンクさせることで、より厚みのある発達のアセスメントが可能となります。残念ながら標準化が古いために一部今の生活にそぐわないところがあり、発達年齢にずれが生じているところがあるようにも思いますが、それも加味しながら考えていくことが臨床の楽しみでもあります。運動面・認知面・言語面・生活習慣面などのそれぞれの行動が何歳何か月に相当するかという年齢尺度上の位置づけをすることで、生活場面での子どもの人格および発達の様相があぶりだされてくる経験を私はずっと積み重ねてきました。現在は、発達年齢、発達指数が算出できるKIDS乳幼児発達スケール（以下、KIDS）のほうを使うところが増えてきているかもしれません。私はあまり使ったことがなく、なじみが少ないので取り上げなかったのですが、KIDSでも同様のことが言えると考えています。

　これらK式、津守式の検査は、「育つ」ことを中心にアセスメントをするツールかもしれませんが、「癒やす」ことの視点から見ることもできます。

検査場面でお母さんとの関係を問われたときの不自然な様子や、通常あまりない違和感のある反応（K式の検査項目「絵の叙述」でお母さんのことを言わない、「表情理解」など顔が出てくるカードを嫌うなど）が出てくることがまれにあり、なんらかの癒やしがいるのではないかと思われることもあります。しかし、その子どもの傷つきやそれに対するケアの必要性をアセスメントするには、別のツールを使った方法のほうがいいと思います。ただし、傷つきや癒やしの必要性があったとしても、それも含めた発達のアセスメントを行なうにはK式や津守式を中心におくことに変わりありません。

7　人物画を使うこと

　描画は、癒やしの部分のアセスメントを補いながら、育ちの部分をアセスメントできる都合のいいものです。たくさん種類のある描画法のなかで、私は人物画をよく使います。就学前であれば単独で人物画を使用し、小学校以降であればHTP法（家・木・人を描く：ないしその応用バージョン）を用います。就学前までのこの時期には、子どもたちは掛け値なしに素直に人物画を描いてくれる気がします。描画に対する抵抗が話題になる場合がありますが、少なくともK式施行の流れのなかでは、「お母さんの絵を描いてくれない？」というお願いに対して、私の経験から見て素直に従ってくれる子どもたちが多いと思います。そしてそこで描いてくれた人物像には、子どもたちの内面にあるさまざまな情報が詰まっています。

　育ちの部分を見るのに適した検査として、グッドイナフ人物画知能検査（以下、DAM）があります。精度や個人差の問題はありますが、少なくとも○歳レベルの絵であるとして年齢尺度上に位置づけられる点で有用だと思います。幼稚園・保育園などで定型発達の子どもたちの人物画をたくさん見る経験を積めば、わざわざDAMをしなくとも自分のもつ年齢尺度物差しに位置づけることができます。これはK式の検査項目にある「人物完成」にもリンクすると思います（大島ら、2013）。

　一方、癒やしの視点から考えるときにも有益な情報を与えてくれます。人

物画は、絶対的、相対的比較や数量化ができる形式分析を行なうだけでもかなりの情報量です。大きさ、位置、筆圧、コントロール力、バランス、修正、テーマ、描く順序、構成……など、そのなかに何か特徴的なものがあれば、そこに注目するわけです。子どもが意識的、無意識的に何を考え、何を感じ、何を訴えかけようとしているのかを想像することで、アセスメントにつながる新たな仮説が見えてくると考えています。誰を描いているかで家族関係が推測される場合もありますし、「お母さん描いて」に対して素直に一生懸命に、優しそうで輝いているお母さんを描いてくれる子に出会います。また賛否両論あると思いますが、人物画の各パーツに関する象徴的な意味（手は社会的能力を表すなど）を考えてもいいと思います。独りよがりな過剰解釈は慎まなくてはなりませんが、私は仮説の幅を増やすくらいの補助的な意味で使っています。

　描画の代表格にバウムテストがありますが、私は小学校中学年以降でないと単独では使用しません。経験的に人物画のほうが情報量が多いこと、バウムテストは幼形の種類が多すぎることや年齢尺度に位置づけにくいため、とくに育ちの部分をアセスメントしにくいからです。もちろん、人物画を描くことへの抵抗を減らすためにバウムテストを使うことはあると思います。しかし、低年齢児の場合には、描いた経験の少ない木の絵よりも人物画のほうが親和性が高いのではないかと感じています。

8　発達障害の子どもが描いた人物画の諸相

　はっきりとASDやその他の発達障害の診断はおりていなくても、対人関係に問題を抱えていそうな子どもたちの人物画の特徴を、経験をとおして考えています。

　図表3－2は、足から描いていって頭の部分のスペースが足りなくなってしまったので、紙の裏に続けて描いたものです。図表3－3は一筆描きの人です。裸のようで裸でもない不思議なものです。図表3－4はあたかも積木を使ったかのようで、パーツを積木のように重ね、ロボットのような人で

す。首の位置がずれていても気にならないようです。まだもっといろいろあると思いますが、この3種類の人物画の共通点は、あたかも人ではなく人型の物体を描写している感じがすることです。つまり、パーツとしては頭、体幹、手足をもっていたとしても、生きている人が目の前に立っているというイメージが弱いと思うのです。人間関係を深めていくうえで、生きている人としての相手に関心をもつことが重要です。そのあたりが希薄な場合に、このような人物画が出現する可能性も多いのではないかと考えています。ただし注意しなくてはならないのは、これらは必要条件としては考えられても十分条件ではないということです。決して、このサインが出たからということだけで発達障害と結論づけてはならないと思います。とくに、描画法の場合

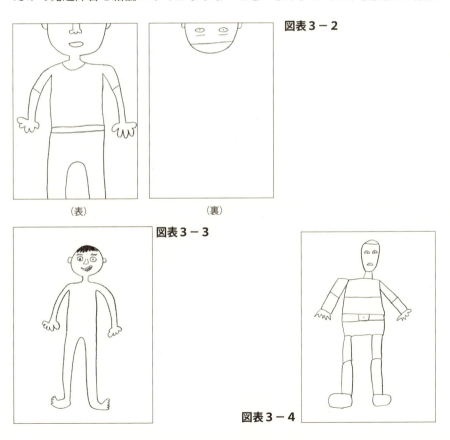

図表3－2

（表）　　　　（裏）

図表3－3

図表3－4

はこの制約を忘れないようにしないと過剰解釈につながります。

9　育ちと癒やしのテストバッテリー

　いま、お話ししたＫ式、津守式（KIDS）、人物画の３点が、少なくとも就学前の子どもたちをアセスメントするのに適したテストバッテリーだと私は考えています。生育歴情報を聴取する段階で、ある程度生活場面の能力を聴取するわけですから、場合によって津守式はしっかりとは実施しなくてもいいかもしれません。また津守式に代わるものとして新版Ｓ－Ｍ式社会生活能力検査も使用されていますが、事務的に評価すると矛盾が起こることもあり、社会生活能力を評価するためには、その子どもの生活全般のイメージをもてることがポイントとなります。

　就学後の子どもたちに関しては、低学年ではＫ式かWISCの選択になると思います。ASDの子どもなど能力のばらつきや開きがかなりある場合、および継続的にＫ式を実施していた場合は、引き続きＫ式を採用するほうが望ましいと考えています。また描画法ではHTP法を加えるのがいいでしょう。複数のアイテム（家・木・人）の相互作用や関係性という軸を入れることによって、より厚みのある情報が得られます。風景構成法も施行できれば面白いのですが、時間と労力と情報量の多さに圧倒されることが多いのではないでしょうか。

　子どものアセスメントでは、１つのテストバッテリーを基本として、状況に合わせて心理検査を加える方法がいいでしょう。ただし、子どもは発達する存在だという視点を必ずもつ必要があり、育ちと癒やしの発達をアセスメントするという目的を忘れてはなりません。また「テストに使われるか、テストを使うか」という姿勢を常に念頭においていると事務的でマニュアル依存の使用は少なくなり、あくまでも矛盾や乖離のない１人の人格をもった子どもとして考えるという、本来のテストバッテリーの使い方ができると思います。

10　子どもと家庭を取り巻く環境を精査する

　アセスメントと介入において、もう一点大切なことは子どもを取り巻く環境の精査です。アセスメントはもちろんのこと、介入するときに環境因を無視すればその介入はまったく意味をなさなくなるか、むしろ悪影響を及ぼすことになります。箱庭療法を順調にやっていたケースで実は虐待が発覚して即一時保護になったり、経済的に苦しく、通所する電車賃のために夕食を削っていたりするなど、目の前にいる子どもの家庭環境がこちらとの関係や介入の仕方に大いに影響します。

　不登校に陥っている子どもの家族像として、たとえば「父親は仕事一辺倒で育児を母親に任せ、母親は細かいことにまで口を出す過保護・過干渉」というように、私たちは経済基盤がしっかりしていて、家族の一員にお父さんが含まれていることを前提にした家族イメージをもちがちです。しかし実際には、経済基盤の脆弱な母子家庭で不登校に陥っているケースも多いと思います。また、子どもが「今日お父さんが家に帰ってくる」というとき、単身赴任や海外出張から戻ってくるのではなく、「覚せい剤使用で刑務所に入った暴力団のお父さんが出所してくるので、お母さんがＤＶを恐れて緊張している」というシビアな事態もあります。ここでは養護性の高い家庭の事例をあげましたが、今までの人生で自分が接したことのない世界については想像が及ばないことも多いです。この主訴であれば、このような家族であると単純に思い込むことのないよう注意したいものです。

　私は、「子どもが示す問題は、家庭という器のなかで継続的に起こる子どもと家族の相互作用」「その器は地域の海に浮かんで、伝統文化・風習・制度の風が吹いている」と形容しています。つまりは、アセスメントをするときに「家庭の器を吟味する」ことも重要です。ソーシャルワークの世界では当たり前でも、臨床心理の業界では忘れられがちであったりするのですが、子ども臨床現場ではこの視点がないとやっていけません。子どもが発達するための大事な基盤となる環境の吟味のなかでも、家庭は根幹です。

もう1つ大事な視点は、家庭自体を1個の有機体と考え、その生育過程、発達過程を見ていくことです。これは私が「家庭の生育歴」と言っているものです。子どもが生まれる前のその家庭が成立した時からの情報、あるいは親が子ども時代に育った家庭に関する歴史も考慮する必要が出てきます。歴史は繰り返す、世代間伝達など両親と祖父母の関係を見ていくことによって解ける謎もあったりします。また格差社会が明確になり、貧困の問題も無視できなくなっています。家庭の生育歴のなかでその家庭がどのような経済的・社会的位置づけにあったか、それに対してどのような営みがあったかを考えておくことも重要です。

11　現代の家庭を取り巻く事情

　21世紀に入って、私が子どものころとは社会環境が大きく変化しています。前節の続きで、家庭環境を考慮するうえで参考にできる事情をあげてみます。

少子化・晩婚化

　まず1つは少子化です。少子化といわれて久しくなりました。単に子どもが少なくなったという事実だけでなく、さまざまな問題が出てきているように思います。「子どもに慣れていない社会」という視点でものを考えていくことが、報告される子ども虐待件数の急増加とも関連するのかもしれません。「子どもというものは……」という大人側からの言い分が多々ありますが、実際に自分の子どもがいない場合やすでに手が離れた場合など、子どもの常識を忘れた大人になっていることも多いように思います。たとえ自分が子どもの頃の記憶があったとしても、それが21世紀の時代のなかでどこまで通用するかということも考えなくてはなりませんし、考えてもイメージがわかないのが現実でしょう。

　私の勤める女子大学の学生に、「赤ちゃんを抱いたことのない人は？」と問いかけたところ、半分近くの手が上がりました。もちろんこれがすべてで

はないのですが、確実にそういう学生は増えていると思います。つまりは、このままでいくと「初めて抱く赤ちゃんが自分の子ども」という現実がやってきます。子どもを知らずして突然親になるということです。何もかも初めてなのに、周囲にモデルになったりアドバイスをもらったりするママ友がいない、遠方でも子どもが集まる教室や遊び場にわざわざ出向いていかないと、ほかの子どものことがわからないという環境が増えてきています。晩婚化もいわれて久しいですが、晩婚化によって幼馴染や学生時代の友人の育児の時期に幅ができ、子どもの年齢に応じた悩みが共有できない、友人がママ友になれないようなことも出てきているようです。仲間やママ友の少なさがお母さんの孤立化を招いている一因ではないかと思います。

「授かるもの」から「作るもの」へ

人工授精の問題、昨今話題になっている出生前診断や代理母など、妊娠して子どもが生まれることにさえ人工的な影響が入ってきて、子どもは「授かる」ものから「作るもの」へ転換しきってしまった観があります。もともと子どもの命を救うことから始まったとしても、人工的に生み出すことまで行なってしまえば、子どもは「（親の）作品」になってしまったのではないかと心配します。もともと日本では「子どもは親の所有物」という認識は強かったようですが、この時代の流れに沿えば、「親が（晩婚化や経済的事情で）少なく産んで（作って）上手に育てる（いい作品にする）」プレッシャーがより強まってきているように思います。厚生労働省は否定している「三歳児神話」ですが、いまだにその考えは根強いようで、お母さんの精神的負担はなかなか軽くなりません。私は「子育て」ではなく「子育ち」だからもっと責任は軽いと言いたいのですが、簡単にはいかないものです。

インターネット社会とコミュニケーション

ここ10〜20年の内にインターネットが普及して、インターネットではさまざまな情報が手に入るようになってきました。しかしこの情報の大量簡単入手は、知らないほうがいいこと、誤解を招くこと、まったく根拠のない偽

りのものなどを手にさせてしまう可能性があり、この情報の氾濫と混乱は不安の種にもなります。また、教科書的な情報はあっても、いざ自分の子どもに関して明快にピタッと当てはまる答えを与えてくれるものは少なく、役に立つ「生きた情報」が得にくい状況だと考えられます。

　昔は生活場面で生きた情報を与えてくれたおばあちゃんの知恵袋もその常識が覆されたり、使用されなくなっていたりして、時代の流れのあまりの速さにおばあちゃん自身が戸惑っています。おばあちゃんは孫のために新しいことを必死で覚えるか、ついていけなくて自信を失うか、受け入れられなくてお母さんと対立するか……伝統文化・慣習の自然な伝達がうまく働かない状況もよく見られるようになってきました。

　インターネットだけでなく、メールやSNSなどが中心になってきて、コミュニケーション手段の方法が大転換しています。生活のなかで人と人とが面と向かって話をするというコミュニケーションの割合がどんどん減ってきているかもしれません。このような環境のなかで親子のコミュニケーションのあり方も今まで以上に変化していくと思います。食事場面でテーブルにスマホをおいている家族、飲み屋のカウンターでスマートフォンをいじりながら仲間と酒を飲むグループ、キャンプ場にゲームを持ち込んで没頭している子どもたちなど、少なくとも面と向かったコミュニケーションの経験が乏しくなるのは当たり前な状況が散見されます。子どもたちはそんな大人たち、そんな環境に疑問ももたずに適応していきます。こんなことが人間関係の希薄化、コミュニケーションの不得手化などにつながっていかないかと不安になっています。

　またこれらの傾向は、「見て見ぬふり」「触らぬ神にたたりなし」など、社会における人間関係の希薄化を導き、ひいては地域力の低下につながるように思います。過疎化、人口減少の問題だけでなく、社会や地域が子どもを育てるという発想や、子どもたちを怒ったり親との間をとりもったりする、第三者としての大人の減少の影響がいろいろ出てきているように感じます。

12　家庭の生育歴からみた家族の位置づけと力動

　お父さんとお母さんが結婚して新しい家庭が形成されると、それぞれにとって自分たちの親からの本当の自立の始まりです。もちろん、シングルマザーからの出発、子どもの戸籍が作られないなどいろいろ変則的なことはあると思いますが、一応の結婚によって家庭が生まれます。さまざまな夫婦関係とそれぞれの親との新しい関係が構築されるなかに、新たな葛藤が生まれたりもします。

　そして、第1子が誕生すると家族の三角関係が成立します。3者がバランスよくうまく相互作用を行なうことが安定の秘訣かもしれませんが、誰かを中心にしてその人の取り合いが起こると家庭が大変になる場合があります。お父さんとお母さんの間での子どもの取り合いは「子は鎹（かすがい）」になるのでまだいいのですが、お父さんと子どもがお母さんの取り合いになるとき、どちらが勝っても家庭崩壊や虐待の危険が出たりします。川の字で寝ることができるのが日本型の安定なのかもしれません。

　第2子ができると4人家族となり、三角関係よりは安定しやすいかもしれないのですが、一方できょうだい葛藤が生まれます。「赤ちゃん返り」は、第1子が家族内でもっていた安定した地位をライバル（第2子）によって脅かされるために起きる、地位の回復を目指した戦いですが、プロの赤ちゃんに勝てるはずもありません。結局、「兄・姉」としての新しい家庭内の位置づけや役割を取ることで、やっと安定していくプロセスだと考えることもできます。この時に第1子がお父さんのほうに近づいていけば2対2となって安定するのですが、お父さんが家庭のなかでの存在感が薄いと、またお母さんを中心とした三角関係となり、葛藤が長引くこともあります。お母さんはよく「50：50で子どもたちに接しています」といいますが、兄・姉からみれば自分のほうが大きいのだから、本当は60：40か70：30くらいでいろんなものを配分してもらいたいのかもしれません。よく聞いてみるのですが、生まれ変わっても再度第1子になりたいという第1子の人が意外と少ないよ

うです。これは、我慢して大分損をしているという意識が強く、長子性格というのもこのあたりの影響があるのではないでしょうか。きょうだいのそれぞれの特権という視点から見ると、兄・姉にも自分だけさせてもらえる、それなりの特権を与えられると安定するようです。しかし、上の子どもが障害などで力関係が上下さかさまになるとまた不安定になることも多いです。

　もう1人子どもが生まれて3人きょうだいになると、事態はもっと複雑になります。このとき、第2子はとても不安定な位置づけです。第1子や末子のような絶対的な場所と違い、あるときは兄（姉）、あるときは弟（妹）という相対的で不安定なところにおかれます。特権をうまく手にすることができるか、貧乏くじばかり引くことになるか、損得は状況に左右されます。これも今後の第2子の人格形成には影響すると思います。また、子どもの数が増えれば、それを支える大人の人数と釣り合わなくなるので、きょうだい間での親の取り合いや葛藤がより活発となりやすく、両親をあきらめて、おじいちゃん子、おばあちゃん子などの位置づけで安定しようとする場合もあります。

　一方、介護や2世帯住宅の新築などでおじいちゃん、おばあちゃんが家庭に入ってくると家庭の人間関係がより複雑になり、問題が大きくなることもあります。親自身のきょうだい順位も1世代前の親子関係・きょうだい関係が反映して影響します。また拡大家族として、おじ・おば・いとこなどの斜めの関係が子どもたちに影響を与えることもあります。むしろこの資源は核家族化によって少なくなっているのですが、不登校となって家庭内で孤立しがちな子どもが、おじやいとこなどの存在に救われるような話を聞くことがあります。

　いずれにしても、家族員が少なければシンプルですが、問題が出たときに逃げ場がなくなりやすく、多ければそれぞれの関係が複雑になる半面、逃げ場も多くなることがあります。ただし、どんな家庭でも潜在的な家族機能の能力は高いことが多く、だからこそ家庭崩壊を経験して、家族と切り離されてしまった児童養護施設の子どもたちの問題はとても大きいと感じています。

13　発達促進のための介入

　子どもの問題に関して相談を受けるときの大切な視点として、「育つことと癒やすことの発達プロセス」をあげました。まずは、家庭の生育歴の吟味と子どもの発達に関するアセスメントを行なうことが重要です。そのあとの介入ですが、私の流儀では、発達促進を念頭におき、その場でできることをできるだけたくさん用意して支えようとします。心理療法やケースワーク的介入を前提とするのではなく、癒やすことによって促進される発達の部分、育ちを促していくために有用な環境（家庭を含む）要因を探します。すべてを探し尽くせるわけではないので、むしろ生活場面にいい循環ができるツボ探しをする発想で臨みます。そこには、「十分に満たされれば発達が促進されて変化していく」という子どもの成長・発達についての信念があるからだと思います。

　そのためには、時間制限による介入を前提とするのではなく、本当のところはずっと末永くつきあえることが理想です。実際はかなりむずかしいのですが、この考え方は私が17年間の児童相談所時代に1度も人事異動がなく、同じケースをずっと担当できたという恵まれた条件から得た信念のようです。たとえば、1歳のときに乳児院で出会った子どもが児童養護施設で高校生になっていくまでかかわれたこと、児童相談所を退職したいまでもおつきあいをさせていただいている発達障害がある子どもとその家族があることが財産です。たいしたことはできなかったのですが、節目、節目で出会ったり、保護者や施設職員と適応状況や進路の話をさせてもらったりして、細くても長くつながっていることがこの考え方を定着させたようです。もちろん心理療法的アプローチを行なったことも多々あるのですが、治療という発想ではなく、発達を促進させそうなことは何でも取り入れ、結果的に前に進んでいけばいいという考え方でやってきたように思います。子どもの発達を信じているので、「何でもありの処遇」をしながら、そのときごとに不十分であっても一番いいと思えるアプローチを考え、発達を支えることで変化して

いく子どもの様子を見守ることに終始していたように思います。

14　支援のヒント

「何でもあり」だと少々荒っぽすぎるので、もう少し具体的に、私なりの支援の方法を整理してみます。

アセスメントのところでも述べましたが、発達相談などを受ける場合に、生物学的な要因による個体差や障害・疾病などの子ども側の要因と、家庭・学校・地域・慣習・伝統文化などの環境側の要因を分析します。そして、発達上のさまざまな側面が年齢尺度上のどの位置あたりにあるかを考えます。また家庭の生育歴など子どもの育ってきた歴史と子どもと環境の相互作用によって、その子どもが何を学習し、何を喪失してきたのか、どのような適応能力をもち、どのような脆弱性が考えられるかを推測します。この考え方では発達障害は「発達の障害」であり、「発達の道筋の個性」であると認識できますし、子ども虐待も受けたか、受けなかったかという二分法ではなく、どの程度の不適切な親の養育や環境因の結果であるかを考えます。診断が医師の役割とすれば、このようなプロセスを考えていくのが心理職の役割だと思っています。

結局のところ、支援の方法を問われると私は明快なことが言えません。ほっといても所与の環境に影響を受けた発達をしていく子どもたちですから、そのときごとの最良の支援を考えるという職人技がかなり求められます。また乳児期・幼児期・児童期・思春期・青年期に陥りやすい特有の発達の問題がありますから、それも加味しながら最良の支援を考えることは至難の業です。場数を踏み、子どもたちに胸を借りて経験を積み重ねていくと、少しは支援の仕方が見えるようになってきますよと、無責任（？）にしか言えません。それではあまりにもお粗末ですから、考えられるヒントだけでも提示します。

快食・快眠・快便

　箱庭療法を行なっていた子どもが虐待されていることが発覚して、突然一時保護⇒児童養護施設入所となりました。とてもいい作品を作り、箱庭の世界では充実したプロセスを示していたようですが、家での生活はそんな悠長なことをやっているレベルではなかったようです。このことは、震災直後には心のケアよりも衣食住の確保が重要であるように、安心感、安全感が与えられ、存在感が確認できる居場所（家庭）がまず確保されているかという吟味がまず第1であることを示しています。とくに、心理療法的アプローチは安定した土俵がないと効果が出ません。ケースワーク的な視点から、まずその子どもと家族が「快食・快眠・快便」を保証される状態であることが最優先されるべきことです。これは有料の心理相談室で実習する大学院生に、「誰のどういうお金で料金が支払われているのかをよく知ったうえで、その子どもの家庭状況と経済的側面を想像しながら出会いなさい」と指導している所以でもあります。経済的支援だけでも十分に発達のプロセスが変化していくケースはたくさんあります。

子どもたちの自尊心

　環境に適応しようとするあまりに自分の個性を抑えたり、「生きにくさ」を隠したりすることでかえって消耗してしまう子どもたちがいます。他の子どもたちとの関係のなかで、いじめなどの2次的な被害を受けている子どもたちもいます。この子どもたちは自尊心が大幅に低下し、不安や被害者意識が高まります。窓から身を乗り出して外を見ているときに「そんなことしていたら落ちて死んじゃうよ」と言うと、「べつに死んだっていいよ」とあっさりと返す児童養護施設の子どもがいました。精一杯の元気さを表面に出していても、ふとしたことで自尊心の低さを見せる場合があります。精一杯努力している健気さを想像し、共感してねぎらいの気持ちをもつ姿勢が問われます。

　こういった場合、なかなかいい方法が浮かばないのが常ですが、これ以上

自尊心を低めていかないよう、自分の存在の大切さを自覚するように、その子どもにしかできない役割を与えることや一目置かれる達人技を発見して評価すること、継続して取り組む努力を評価することによって自己イメージを高めていくことも望ましいと思います。その子どものいいところを探し出し、ほめて育てることが大切ですが、それがなかなか見つからないことも意外と多いので、あえて作り出す、引っ張り出すというくらいの乱暴なアプローチも必要です。誰かが真剣になって考えてくれるだけで少し展開することも多いようです。しかし、虐待を受けた子どもや発達障害といわれる子どもたちの自尊心の低さは並大抵ではなく、よいところを探すというアプローチに無力感がつきまとうのも事実です。

親の自尊心

その子どもの親自身も自尊心が低く、被害意識が強い場合も多いので、まずは親を肯定的に評価してねぎらうことが重要です。日本のお母さんたちは自分がほめられていないからか、子どもをほめるのが下手であると思います。親が輝くと子どもも輝くのは、子どもにかかわる大人は子どものモデルであるからで、大人が元気であることによって子どもが安心して発達していけることが多いように思います。阪神・淡路、東日本大震災の時の親子の様子からも、そのように感じます。大人には休息、息抜き、充電が重要ですから、問題の渦中にあるからこそ思い切って旅行や遊びなどを取り入れてみることを勧める場合もあります。

応用としての心理療法

さまざまな心理療法によって癒やしにアプローチすることも多いでしょう。とくに心理士の養成機関においては、しっかりとケースに対応することを教育されると思います。そこで習うことは基礎的ですが、大変重要です。ただし、現場に出たときにそれがすぐに役に立たなかったり、現場がとてもいい加減に見えたりして困ることが多々あると思います。残念ながら基礎と現場での応用をつなぐ部分が十分ではないからです。私も児童相談所に勤め

始めたときにとても複雑な気持ちになったことがあります。その頃、心理療法さえすれば子どもたちの問題はすべて解決できるという頑なな思い込みがあった私は、先輩たちのいい加減な対応に業を煮やしていました。時間はルーズ、使う部屋もまちまち、テレビゲームやプラモデルで子どもたちの機嫌をとっているかのような通所の様子が、今まで習ってきた心理療法の「枠」をことごとく壊しているようで、「これでいいのか」と悩んだ時期がありました。

しかし、しだいに児童相談所の通所の本来の意味が見えてくるとこの矛盾がわかるようになり、霧が晴れてきました。実はもっと大きな意味、つまりそのケースとつながり続けることが福祉的サービスを全うするための手段であり、そのためには心理療法を順調に遂行するための枠組みをも凌駕することがあってもいいのだと理解することができました。私が「児相（児童相談所）の心理臨床」を考えるようになったルーツの1つがこのことです。そのときその状況に対する臨機応変の応用力があってこそ、本当に現場で役に立つことができ、そのためには貪欲さと柔軟性をもつことが必要です。そして、子どもたちを見守りながら支援する、心理だけにとらわれない、ケースワークや法律、行政制度にまで関係する大きな位置づけのなかで、できる範囲のことを粛々とやっていく力をもつということです。

15　常に発達する子どもとともに

この章で私が伝えたかったのは、アセスメントとそれを支援する介入に関しては結局のところ臨機応変で、何でもありで、子どもたちが教えてくれるサインを見逃さず、いろいろな処遇の経験を積むと世界が広がり、それなりの支援ができるようになるという、何とも当たり前のことです。子どもたちはつねに発達する存在なので、少々それに胸を借りながら、おつきあいさせていただくのです。つまり、「育ちと癒やしの発達のプロセス」という視点をもっていても、結局子どもたちの発達に依存してたいしたことはできないのですが、子どもたちの発達の世界を大事にして、そのときどきにおいて何

かできることをやっていこう、5年先、10年先を一応予測しながらそれに向かってできる手を打っていこうという、無手勝大島流を少し紹介できたかなと思います。子どもたちの成長発達のすごさをいつも感じながらの臨床が大好きであるということを、付け加えておきます。

◎文　献

大島剛ら『発達相談と新版K式発達検査——子ども・家族支援に役立つ知恵と工夫』明石書店、2013年

小西行郎・遠藤利彦編『赤ちゃん学を学ぶ人のために』世界思想社、2012年

社会福祉法人恩賜財団母子愛育会日本子ども家庭総合研究所『日本子ども資料年間2001〜2014』中央法規出版、2001年〜2014年

宮井研治編『子ども・家族支援に役立つ面接の技とコツ——〈仕掛ける・さぐる・引き出す・支える・紡ぐ〉児童福祉臨床』明石書店、2012年

＊　子どもの視野を体験する道具として制作された幼児視界体験メガネ「チャイルド・ビジョン」http://www.honda.co.jp/safetyinfo/kyt/partner/childvision.pdf

発達保障と支援の枠組みを整理する

菅野道英

1 時代の要請に応じて

　子どもは生まれもった個性とその後の働きかけや環境によって、独特の個性をもった存在として育っていきます。唯一無二の存在として尊重され、その発達は保障され、あらゆる危険や障害から守られなければなりません。この役割を中心的に担うのは保護者であり、その保護者をサポートする形で公的な相談支援のシステムが整備されてきました。私の勤める児童相談所は、保護者からの相談を受けるとともに、子どもの育ちについての社会的な課題に対応し、支援のシステムの構築にも貢献してきました。歴史を紐解けば、戦後の戦災孤児や浮浪児対策など、子どもが育っていく生活の場を保証し、犯罪に巻き込まれたり、犯罪を起こさないといった安全を保障することが求められていました。当時から施設や里親に措置するために調査や指導といった業務を担う「措置部門」と、専門的な判定や指導を行なう「判定指導部門」、一時保護を行なう「一時保護部門」の3部門による業務体制が採られており、その基本的な構造は今も引き継がれています。当時、国連から派遣され、児童相談所の指導にあたったキャロルの報告書のなかには、Protection という言葉も見られることから、子どもの権利擁護……虐待対応のような機能も求められていたようです。また、判定による知見を措置に活

用したり、児童福祉サービスに利用するなど、児童精神科的なクリニック機能も求められていました。

　私が働き始めた1980年頃は、養護学校の義務化をはじめとして、障害児の早期発見・早期療育という、発達に課題を抱える子どもとその家族をどのように支援していくのかが課題となっていました。発達検査をアセスメントのツールとして家族と発達課題を共有しながら、「障害受容のプロセス」といったような研究成果や海外からさまざまな療法が紹介され、保護者や地域の支援者と共に学んでいきました。単に家族支援をするだけでなく、家族が住む自治体で、療育や障害児保育が受けられるようなシステム作りのサポートもしていました。市や郡単位で小規模通園事業対象の療育教室が整ったところで、児童相談所としての関与は終了となりました。

　この頃、並行して不登校（当初は、学校恐怖症、登校拒否症などと呼ばれていました）が問題になり始め、診断や対応についての学習を進めていきました。当初は、カウンセリングやプレイセラピーといった個別治療が主であり、心理検査も同意を得て実施していました。相談の増加により個別対応に限界が出てきたことや、再登校を目指すよりは、登校できないことによって身につけられないスキルを少しでも教えられないかとグループワークをやってみたり、海外から入ってきた家族療法を学び実践したりしていました。そしてそういった子どもや家族への支援だけでなく、さまざまな登校形態やかかわりの工夫をしてもらえるよう学校との情報交換を密にし、支援のノウハウを伝え、それが適応指導教室へと発展していきました。

　このように、子どもたちが育つ過程で示すさまざまな症状についての相談を受け、支援の工夫をし、社会にも還元していくことが児童相談所の役割でしたし、いまもそうです。言葉を換えると、現在の子どもの発達状況のアセスメント、課題に対する支援、支援が円滑に受けられるシステム作りの3点に、いかに取り組むのかを繰り返しているわけです。

2 児童家庭相談の使命とアセスメント

　子どもが自立して社会生活を送れる大人になるまでの過程にはさまざまな課題があり、それを乗り越えていく必要があるのですが、何らかの要因によって「子どもの問題」「養育者の困りごと」という事態が生じます。これらのことについての相談に応じ、養育者の工夫や子ども自身の努力を応援していくのが、児童家庭相談の使命だと私は考えています。大人とは、端的にいうと国民の三大義務、労働、納税、義務教育を果たせる存在です。幸福感をもちながら安定した生活を送り、社会の構成員として生産と消費にかかわり、社会の安定と発展に関与し、次世代を育成していくことのできる存在といったところでしょうか。子どもは、発達の過程で大人として社会生活を送るために必要なさまざまな知識や技能を身につけ、個を確立していく必要があります。これは、「発達上のニーズ」と呼ばれ、保護者や支援者が適切にかかわることによって保障されるものです。社会は、これらを上手に習得してもらえるようさまざまなシステムを整備し、保護者による養育をサポートしています。大半の子どもたちは、保育や幼稚園に始まる養育・教育システムによるサポートで大人になっていくことが可能です。しかし、何らかの要因によって習得がうまくいかない子どもたちも存在しているので、専門家による支援を準備しています。

　支援を計画し実行していくためには、さまざまなアセスメントが必要になります。

　本章では、英国で、複合的課題があり支援を必要とする子どもたちについて行なわれる総合的なアセスメントである、コモン・アセスメント・フレームワーク（CAF：Common Assessment Framework）を参考にアセスメントを考えていくことにします。CAFは、国家レベルで取り組まれており、家族とともに作成され、支援にかかわる機関が共有することによって効果的・効率的な支援を行なっています。**図表4－1**は、日本で紹介されている文献や報告書をもとにして、虐待対応を考えるために筆者が加工したものです。

図表4-1　コモン・アセスメント・フレームワーク

　まず、「子どもの発達上のニーズ」に関して、現在までの発達の経過と現状についての情報収集と評価を行ないます。子ども1人ひとりの特性も考慮に入れながら、「ペアレンティング能力」といわれる保護者や支援者が行なう子どもの育ちに関する直接支援の量と質や、「家族・環境要因」と言われる家族の機能や内外のリソースとの関係性の量や質など、異なる局面の情報を集約し、総合的にアセスメントをします。支援機関の使命や支援のゴールによって支援の内容は異なるので、アセスメントの結果をどう使うのかは機関により異なります。

3 子どもの発達上のニーズ

　現在、子どもはどのような状態にあるのか、どのようなかかわりのなかで力をつけてきたのかを子どもの側からアセスメントします。子どもの発達上のニーズは、保護者だけですべてを満たすことはできないので、誰によっ

て、どのようにしてニーズが充足、保障されたのかを明らかにすることで、効果的な発達の支援を組み立てていくことが可能になります。どのような視点をもつのかについて以下に説明をします。1つのエピソードや情報をさまざまな視点から検討することによって、奥行きのあるアセスメントになります。

◆──子どもの健康全般

　心身の成長・発達を良好なものにするために、個々の生得的要因（遺伝や病気、障害など）を考慮に入れ、健康に配慮することが必要です。具体的には、健診や予防接種など成長のための支援を適切に利用しているのか、病気になったときに適切な医療を受けられているのか。また、年齢に応じて、性に関する情報や健康を害するような事象（喫煙・薬物）についての知識を提供してもらっているのかなどについて、子どもの体験として情報を整理していきます。

◆──身体的発達

　栄養状態、身長、体重などの身体状況や成長の経過、成長に伴う姿勢や身体機能、運動の発達の状況が子どもの生得的要因や養育の課題などを検討する指標になります。

◆──言語・コミュニケーション能力

　言葉の発達は知的発達の指標として重要なもので、子どもの様子として情報も多く寄せられます。それらの情報から、コミュニケーションの能力や聴く、理解する、表現するといった対応のスタイルをうかがうことができます。また、身体症状（身体化）や問題行動（行動化）といった非言語的な表現から、どのような人間関係を体験し、影響を受けてきたのかを推測することができます。身体化は、自己防衛的・抑制的な関係性のなかで、行動化は敵対的・攻撃的な関係性のなかで身につくといわれています。

◆───**情緒・社会性の発達**

　情緒・社会性の発達は身体発達や知的発達とは異なり、環境要因も大きく作用し、個人差が大きく、標準化された検査もありません。外界とのかかわりによって愛着関係や基本的信頼感を形成し、他者との関係性のもち方、ストレスへの対処法など社会性を身につけていきます。現在の状況からどのような体験をしてきたのかを考えたり、現在のかかわりが続くことにより、どのような育ちのリスクを抱えることになるのかを考え、予防のための支援を考える材料にします。

◆───**行動の特徴と発達**

　他者との関係における行動のとり方、たとえば同年代の集団とのつきあい方や、自分よりもつよい人、よわい人とのつきあい方、ストレスが高じた時の対処行動などから子どもの育ちの課題を洗い出し、社会適応的な行動様式（他者との協働、変化への適応、ストレスへの対処、適度な自己抑制など）を身につけるために必要な支援を考えます。

◆───**アイデンティティ（自己同一性）**

　場所や関係に左右されず一貫性のある自己像をもつことが大切になります。自己肯定感、帰属感や、受容されたり認められたりする感覚をもっているのかなど、自分やその能力に対する見方（評価）についての情報を整理します。アイデンティティは、思春期にそれまでに与えられた自己イメージを再構成し完成させていくものとされています。したがって、どのような認知、行動様式で暮らしてきたのか、そのなかでどのような自己イメージを与えられてきたのか、自覚してきたのかが大切になります。アイデンティティの視点は、自己肯定感や自尊感情を育てるような一貫したかかわりを考えるうえで大切な指標です。

◆───**家族・社会との関係**

　場の状況に合わせたり、他者の立場で考えたり、共感する力といったよう

な社会参加のために必要なスキルと感覚をどのように身につけているのか、これらのことについて親や支援者（保育や教育関係者等）からどのようなサポートを受けているのか、という視点です。自分の容姿や立ち振る舞い、表現がどのような印象を与えるのか、清潔や衛生に気を配り、TPOをわきまえた行動をとっているのか、また、そのような指導を誰がしているのかも大切な要素です。

◆───セルフケア

　生きる知恵と技術と言われるもので、自立的に生活していくために必要な力の獲得の度合いや獲得のプロセスを見ていきます。たとえば、幼児期には衣服の着脱、食事といったADL（日常生活動作）の獲得があります。成長とともに1人で身の回りのことをしたり、自らの感情、情緒の安定を保つ力をつけたり、問題への対処、解決に向かって取り組んでいく能力なども大切な視点です。さまざまな体験と対応のために他者からのどのような支援があったのかも、その後の社会生活に大きな影響を及ぼします。

◆───学習・教育

　さまざまな能力、技能などの知的発達の状態についての情報は、支援を考えるうえではとても大切な情報です。課題に適切に対処していくためには、成功や達成を実感できるような機会の提供やサポートが必要です。単に学習の達成状況だけでなく、他者からの支援や子ども自身の参加意欲といった関係性の視点も大切なものです。

4 ペアレンティング能力（保護者の養育能力）

　ペアレンティング能力とは、子どもの発達上のニーズをどのようなかかわりによって保障しようとしているのかという具体的な保護者の接し方のことで、親子の関係性を見ていくうえで重要な視点です。大別すると、以下の視点から子どもへのかかわりの質を見ていきます。

◆───**基本的ケアとタイミング**

　衣食住など、子どもの生理的欲求が充足されるように世話をすることや、事件や事故、病気などの危害や危険から守る保護機能など、安全で安心な生活をどのように保障しているのかという視点で評価します。また、どのようなタイミングで提供されているのかといったことも意識しておく必要があります。

　たとえば、赤ちゃんは空腹や排尿便など不快な状況になると泣いて知らせてくれます。"泣く"という行為は、不快な状況を改善してほしいという外部への発信です。これにどのようなタイミングで応答するのかよって、外部への発信の意味が異なってきます。泣いても生理的欲求が充足されない体験が続くと、外部への発信が意味のないものとして学習され、他者や外界に対する不信感が根づいてしまいます。逆に不快とまではいかず、泣く前に機械的に空腹を満たされることが続くと、発信すること自体が不要になってしまい、外界とのかかわりを求めない、無気力な姿勢を作ってしまうことになります。極端な例をあげましたが、どのような質で基本的なケアが提供されるかは子どもの育ちに大きな影響を与えます。

◆───**情緒的な暖かさ**

　子どもへのかかわり方の質の大切な要素のもう１つが、情緒的な暖かさです。子どもは受容的で支持的で穏やかなかかわりをされると安心感をもち、新しい課題に取り組んで習得していくことが可能になります。

　人は、安心感が提供されず、危機が迫っていると感じるような状況では、身の安全を確保するために逃げたり、闘ったりする準備をします。さまざまな精神活動を停止し、いつでも動き出せるよう身体も準備をし、不安な事態に対処しようとします。このような状況が続くと情緒的にも体調的にも不安定になり、認知や行動の様式にもひずみを生じてしまうことになります。とくに子どもの場合、人格形成の途中であり、深刻な影響があります。

　極端な例で説明をしましたが、感情面での欲求にどのように応えられているのかをいう視点からかかわりについて評価します。

◆──**指導と激励**

　子育てでは、単に欲求を受容的に満たしていくだけでなく、適切なストレスを与え、対処、克服できるよう励ましていくことも大切です。適切な指導は、子どもが自らの感情をコントロールする力をつけていくことにつながります。

　トイレットトレーニングを例にとると、それまで膀胱に一定量の尿がたまると時や場所に関係なくおむつに排尿していたのを、オマルやトイレといった場所や時間を限定したりして、我慢や身体のコントロールができるよう指導していきます。これは単に身辺自立の指導ではありません。不快な状況に対して即時的に解消するのではなく、不快なまま維持し、解消可能な時と場所で行なう、現実に合わせて行動していくという行動原理を教えていくことになり、社会適応的なスキルを身につける基礎になります。また、子どもは励まされ、やり遂げ、認められる体験から、肯定的自己像をもち、自己効力感（自らの対処能力に対する信頼感）をもてるようになります。指導では間違った行動には罰を与えますが、罰がどのような内容で、適切なものかを見極めることも重要です。

◆──**安定性**

　上記の基本的ケアや情緒的な暖かさ、指導と激励などが、一貫して提供されていることも大切な要素です。安定したかかわりは、人や物、時間の流れなどに対する信頼感を形成し、適応的な認知行動様式を身につけることを助けます。

　ある場面に対していつも同じような対処で同じ結果が得られれば、省エネで対応が可能です。しかし、同じような対処をしているのに結果が異なるという体験をすると、常に新規場面への対応ということになり、不安や緊張が伴います。この状態が続くことは先に述べた危機対応の状況と同様の結果になります。また、結果に一貫性がないのは自分に対処能力がないせいだと間違った考えを植えつけたり、自らの努力を意味のないものにしたり、適応の支障になる認知行動様式を身につけさせることになります。

5 家族・環境要因

　子どもの発達と保護者の養育能力に影響を与えている、家族要因と環境要因についての視点です。かなり広範囲に及ぶ情報であり、現在の状態だけでなく過去の情報も含まれます。

◆───家族システム

　家族システムの現状だけでなく、成立から現在までの経過や保護者の生育歴や生活史に関する情報です。家族システムを構造的に理解します。たとえば、何か家族として決めなければならないときに、誰と誰がどのようにして決めて実行していくのかといった決定・執行の機能など生活していくうえで必要な機能と構成員の関係性などを見ていきます。また、ライフイベントをはじめとして、成長の過程にあるさまざまな課題にどのように対処してきたのか、どのような体験をして、どのような認知行動様式を身につけているのかなどの情報は、現在の家族機能を考えるうえで参考になります。

◆───拡大家族

　拡大家族とは、祖父母同居といった三世代以上が暮らす世帯だけでなく、共には生活をしていない祖父母や親戚、ときには知人・友人で家族の生活に関与してくる人を含む関係性についての情報です。親世代の実家からの自立の度合いや関係のよしあしなどは、保護者の養育機能に影響を及ぼします。祖母などからの子どもへの直接的な働きかけは、保護者の養育を補充してくれる場合もありますし、不和・軋轢などマイナスの影響があらわれる場合もありますので、その質に注意を払う必要があります。

◆───収入と消費

　生活にはさまざまな消費活動を伴います。この消費を支える収入と就労は、生活に大きな影響を及ぼします。消費には、食欲を満たす生命維持のた

めのものから、好奇心を満たす学習や新しい体験をするためのイベントなどまでさまざまなものがあります。最近では、それまで家族内のものとされてきた掃除が、業者によるハウスクリーニングとして消費活動になってきています。どのような消費を行なうのかに家族の特徴が表れます。

就労は、単身赴任や長期出張、非正規雇用の拡大など、時代を反映して内容も形態も変化していきます。就労時間や雇用形態などの条件は、収入だけでなく生活リズムや家族の役割分担や機能にも影響を与えます。

◆───**住環境**

生活の場となる住まいに関する情報です。電気・上下水道・ガスなどの日常生活に必要な設備とその運用状況、プライバシーが確保される適度な境界と交流が確保される空間、整理整頓や清潔に関することなどです。

◆───**社会資源**

家族と社会の接点に関する情報で、近隣との関係、知人友人との関係など日常的に生活に影響を与えるものや、保育や教育機関、保健・医療機関の利用、行政サービスの利用、店舗やレクレーション施設、交通機関など、生活をしていくうえで必要になる資源に関するものです。

6 アセスメントの留意点

ここまで、子どもの発達保障や支援を計画するときに行なうアセスメントの視点について説明をしてきました。「子どもの発達上のニーズ」「ペアレンティング能力」「家族・環境要因」の3つの局面が相互に影響しあっています。情報はエピソードという形でもたらされることがほとんどで、それをどのようにとらえ評価するかです。さまざまな側面から眺めてみると、そこには多くの情報が含まれていることに気づきます。以下、情報を集約しアセスメントを行なっていくうえでの留意点を整理しておきます。

◆──**情報の質**

　エピソードが語られるとき、そこには語る人による評価が含まれる場合があります。さらに、それを聞いた人は自分の解釈を加えて理解します。このことが繰り返されると伝言ゲームのように情報の精度が劣化していきます。また、情報の客観性に関しても注意が必要です。現在の児童相談所では他機関からも情報を得てアセスメントすることが多いのですが、得られた情報はすべて母親が語った話のみだったということもあります。客観性のある情報でアセスメントを行なうことができればいいのですが、そうでない場合も多くあります。その場合には、どういう質の情報で判断をしたかを明確にしておくことが大切です。

◆──**情報のバランス**

　子どもの育ちに何らかの問題があるとされた場合、その原因と考えられるリスクに関する情報が集まってきます。子どもや家族の問題点、よわみについてのものなのですが、子どもや家族には良好なもの（つよみ）もあり、子どもの育ちに役立っていることもあります。つよみの部分を明らかにすることで、変化の必要がないところと変化が必要なところが明確になります。

◆──**多様な仮説と柔軟さ**

　情報を整理し、課題を明らかにし、支援を考えていくうえで、なぜ問題が起きているのかという原因を考えることは大切です。しかし、原因→結果という直線的な因果律でとらえることは避けるべきです。たとえば、子どもが急に痩せてきたという健康問題がおきている→調べてみると父が失業したために収入がなくなり、基本的なケアが十分でなく、食事がしっかり摂れていないのではないかと考える→だから、収入の確保が必要……。こんな単純なストーリーで支援は行なわれてはいませんが、似たような場面に出会うことがあります。もちろん、これは間違った仮説というわけではないのですが、他にもいろいろな仮説が立てられるわけです。子どもが拒食症かもしれないし、意図的に食事を与えられていない虐待なのかもしれません。さまざまな

可能性があり、常に見直しをする姿勢が求められます。

◆──── 複数で

アセスメントでは、情報からさまざまな要素を抽出し評価します。アセスメントする人が1人では視点が限られますし、その人の癖が出てしまいます。客観性を担保するという意味だけでなく、複数でディスカッションする過程で気づくことが多くあります。精度を上げつつ、幅と深みを作っていくためにも、職種や経験の異なる複数の職員で実施されることが望まれます。

7 虐待対応とアセスメント

ここまで、CAFを材料にアセスメントの要素について考えてきました。CAFはなんらかの支援が必要な子どもに対する基礎的なアセスメントです。そして、さまざまな支援機関が使用するものとして開発され、システマティックに運用されています。それぞれの機関が行なう特別な支援については、それぞれの専門的なアセスメントが実施されています。

日本にはCAFのような共通のアセスメントはありませんが、虐待対応では、「緊急度のアセスメント」「在宅支援アセスメント」「児童虐待を行なった保護者に対する援助ガイドライン」など、対象の年齢や対応の中身により各種のアセスメントが公表されています。

また、「子ども虐待対応の手引き（平成25年8月改訂版）：厚生労働省雇用均等・児童家庭局総務課編」では、次頁の図表4－2のような要因やリスクに注意することが求められています。

リスクとは、ある行動や選択をした場合に起きる危険という意味で、この表のような状況があれば虐待が起きやすいので、慎重にアセスメントと支援を進める必要があるということです。また、情報が少ない場合、リスク要因が少なく状態を軽く見てしまう危険性もあります。情報が増えていくと重症事例だったということもあります。情報が少なく判断できないので不明（判定不能）な状況であるという判断も、アセスメントの要素として大切です。

図表4－2　虐待に至るおそれのある要因・虐待のリスクとして留意すべき点

1．保護者側のリスク要因
- 妊娠そのものを受容することが困難（望まない妊娠）
- 若年の妊娠
- 子どもへの愛着形成が十分に行なわれていない（妊娠中に早産等なんらかの問題が発生したことで胎児への受容に影響がある。子どもの長期入院など）
- マタニティーブルーズや産後うつ病等精神的に不安定な状況
- 性格が攻撃的・衝動的、あるいはパーソナリティの障害
- 精神障害、知的障害、慢性疾患、アルコール依存、薬物依存等
- 保護者の被虐待経験
- 育児に対する不安（保護者が未熟等）、育児の知識や技術の不足
- 体罰容認などの暴力への親和性
- 特異な育児観、脅迫的な育児、子どもの発達を無視した過度な要求　等

2．子ども側のリスク要因
- 乳児期の子ども
- 未熟児
- 障害児
- 多胎児
- 保護者にとってなんらかの育てにくさをもっている子ども　等

3．養育環境のリスク要因
- 経済的に不安定な家庭
- 親族や地域社会から孤立した家庭
- 未婚を含むひとり親家庭
- 内縁者や同居人がいる家庭
- 子連れの再婚家庭
- 転居を繰り返す家庭
- 保護者の不安定な就労や転職の繰り返し
- 夫婦間不和、配偶者からの暴力（ＤＶ）等不安定な状況にある家庭　等

4．その他虐待のリスクが高いと想定される場合
- 妊娠の届出が遅い、母子健康手帳未交付、妊婦健康診査未受診、乳幼児健康診査未受診
- 飛び込み出産、医師や助産師の立ち会いがない自宅等での分娩
- きょうだいへの虐待歴
- 関係機関からの支援の拒否　等

起きている虐待事象が具体的に確認されない場合でも、発生予防の視点からリスク要因を把握しておくことは大切です。ただし、ここにあげられた要因があるからといって、そのすべてで必ずしも虐待が起きるわけではありませんから注意が必要です。

また、虐待対応においては、多くの機関が連携して家族支援に取り組んでいきます。児童相談所では、具体的に起きている危険（Danger）が再発しないことが支援の目標になりますが、虐待の発生予防に取り組んでいる機関ではリスク要因とされるような状況の改善が支援の目標になります。このように機関の使命と支援の目標によって、情報の見方や扱い方が異なることも意識しておく必要があります。

8 支援者の立ち位置と方法論

現在の児童相談所の業務は複雑化しています。その要因として、山本恒雄氏は論文（2013）のなかで、児童相談所がこれまで行なってきた一般的な相談対応（支援的な関与）と虐待対応（介入的関与）の2種類の方法論があることと述べています（この研究では「支援的ケースワーク」と「介入的ソーシャルワーク」という用語が用いられていますが、ここでは「支援的関与」「介入的関与」とします）。立場や方法論の違いはアセスメントや支援のあり方を大きく左右するものです。自分の立ち位置をしっかり意識して対応することが必要です。「介入的関与」についてはまだ確立されたものではなく、検討の余地がある段階だとも述べられていますが、虐待対応をしていくうえで大事な視点だと思います。

繰り返しになりますが、児童相談所の社会的使命は、子どもの権利擁護と発達保障にあります。したがって相談内容によって課題のとらえ方や対応方法が異なる場合はありますが、目指すところは子どもの権利や自己実現が保障され、身体的、精神的、社会的に良好な状態にあること、ウェルビーイングの実現ということになります。視点としては、先に述べた「子どもの発達上のニーズ」、すなわち、育ちの過程で獲得する必要のある価値観や物のと

らえ方や行動の様式などを、子どもたちが安全・安心に獲得していくことをいかに保障するのかということです。

　児童家庭相談における従来型の支援的関与は、子育てについての親の悩みに応えるという形態であり、そのことが間接的に子どもの発達の支援になっていると考えていました。そのために保護者との協働が不可欠な要素であり、保護者との良好な関係をいかに築き、維持していくのかを大切にしてきました。しかし、虐待対応の場合、非審判的な受容では虐待行為を容認してしまうことになるために部分受容となり、評価を示さなければならない場面も多くあります。たとえば、保護者が「以前なら何発叩いたかわからないけど、最近は数発でおさまるようになってきた」と話したとします。「よく頑張っていますね。その調子で頑張りましょう」とは言えません。マシにはなっていますが全面的に受容することはできませんし、変化は認めるけれど、暴力は好ましくないことを伝える必要があります。また、子どもの最善の利益を優先する必要があることから親権を制限することもあるわけで、保護者の役割を支援者が肩代わりすることも少なくありません。また、一般的な相談対応（支援的関与）では親子の利害は一体のものと考えます。したがって、たとえ子どもが来談しなくても保護者に対する支援が間接的に子どもの発達保障につながるとするのですが、虐待対応（介入的関与）では、保護者と子どもの利害は独立と考え、それぞれの課題を明らかにして適切な支援を講じていく必要があるという立場で対応を進めていきます。

　このように、枠組みや方法論がかなり異なるところがあり、山本（2013）、安部（2013）に私なりの考えも加えて次頁の**図表４－３**に整理してみました。

9　包括的アセスメント

　アセスメントは専門職のツールとして利用されるのですが、CAFに代表されるように、支援を受ける利用者と現在の状況や支援の必要性を共有するために用いることによって、さらに有効なツールとなります。

　とくに虐待対応においては、子どもの安全が第一義的な命題となるので、

図表4−3　介入的関与と支援的関与

	虐待対応（介入的関与）	一般的相談対応（支援的関与）
目的	ウェルビーイング：個人の権利や自己実現が保障され、身体的、精神的、社会的に良好な状態にあること。子どもの場合は、子どもが育ちの過程で獲得する必要がある価値観や物のとらえ方や行動の様式などを、安全・安心に獲得していくことを保障することを意識する必要がある。	
支援のための原則	子どもの安全・安心な生活を最優先し、法に定められた権限を行使していく（リスクマネジメント）。告知、聴取、丁寧な説明による理解と協力を求める努力はするが、義務権限の執行において同意・承諾は必須とならない。むしろ不作為（権限の不行使）をとがめられる。	ニードをスタートラインとして、クライエントのペースに合わせ、受容、傾聴、同意、承諾を原則としてサポートしていく。
対象者	介入された家族。	自発的なクライエント（親）。
ゴール	支援機関によって定義。	クライエントによる定義。
アセスメント	第三者への調査を含む客観的情報にもとづくアセスメント。	クライエントから提供される主観的情報にもとづくアセスメント。
守秘	要保護児童対策地域協議会（法定協議会）における情報共有が可能。秘密の取り扱い：秘密は虐待と仲良し…だからオープンに。	承諾なしに連携や情報共有などはできない。秘密の取り扱い：秘密は安心の提供…良好な関係のあかし。
親権	親権への明らかな制限・制止を含む対応。親権に対して根拠をもって権限介入する義務。	親権を当事者の権利として上位に置く。親権者の意に反する対応は原則的に不可。
親子関係	親子の利害は独立と考え、時に利益相反も想定し、子の安全と最善の利益の保障が最優先。子の安全のためには理由を示して親の抵抗排除。	親子の利害は一体的な価値として考える。親との良き相談関係が子に利益をもたらす。
専門職の役割と技術	社会的統制と影響力をうまく行使するコーディネーター。受容と傾聴などの基礎的な技術＋解決志向の面接技術＋サインズ・オブ・セイフティ・アプローチ等のフレームワーク。	クライエントが欲するものに焦点を合わせる促進者。治療構造論にもとづく療法やソーシャルワークの技術。

リスク中心の情報のみでアセスメントが行なわれ、一時保護をはじめとする親子の分離を軸にかかわりが行なわれることが多くあります。繰り返しになりますが、介入は子どもの発達上のニーズを安全に保障することが目的です。もちろん生命の危機的状況などの緊急性の高い場合は、まず生命の安全

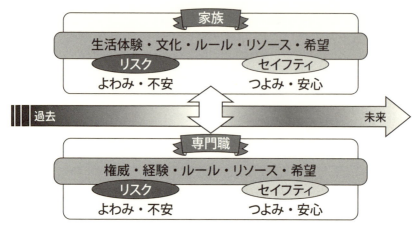

図表4-4　包括的アセスメント

の確保が優先されますが、大半の場合、いまだけでなく介入やその後の支援が子どもの育ちにどのような影響を与えるかも、視野に入れる必要があります。前節で述べたように、「リスク要因と安全要因」のように対になる視点として、「現在と未来」などもあわせてアセスメントにあたることが大切です。

　加えて、家族だけでなく、支援者や社会もリスク要因と安全要因を抱えています。たとえば、専門職がすべてエキスパートというわけではありませんし、支援を受け持ってくれる民間の組織も揃っていません。現状の課題を家族の側の要因だけで見るのではなく、専門職側の要因も含めてアセスメントする必要があります。

10　虐待家族支援のためのアセスメントと支援計画

　ここでは、課題を明確にし、介入的な枠組みのなかで家族と協働して虐待を防止するのに役立つ方法論として紹介されている、サインズ・オブ・セイフティ（以下、SoS）、パートナリング・フォー・セイフティ（以下、PFS）などをもとに述べていきます。これらの方法論は、ソリューション・フォー

カスト・アプローチ（解決志向の面接技法。以下、SFA）を虐待家族支援に適用することをベースにしています。SFAは、現在の問題の原因を追究して原因の解消をするのではなく、解決の姿・状態に向けてどのような道のりを歩むのかを大切にします。そのために利用者のつよみ（ストレングス）を引き出し、活用していくのです。SFAは一般的相談対応の支援技法であり、前述したように介入的関与に適用していくためにはさまざまな工夫が必要になります。

　その1つの方法として、オープンに情報を共有し、包括的なアセスメントを行ない、育ちの安全を保障する取り組みを整理できるような様式（アセスメント＆プランニングなど）が作られています。現場での実践を取り入れ、現在も改良、進化しています。SoSについては、版権の関係で図表などを掲載することができないので、これらの方法論をもとに支援につながるアセスメントについて説明します。

アセスメント

◆──安全を脅かすエピソード

　これまで、危害（Past Harm）、危険（Danger）と言われてきたもので、児童相談所が関与することになったきっかけに関する記述です。保護者のどのようなかかわりによって、子どもの安全・安心が脅かされているのかを具体的なエピソードで明らかにし、保護者と共有します。このエピソードは現在の危険に関するものであり、子どもの発達上のニーズが適切に満たされず社会適応的な認知行動様式の獲得が危うくなるという、支援者の心配のあらわれです。不適切な養育の一端を示すもので、同様の事象が再度起きないために関与していきます。

　たとえば、「登校してきたB男（小2）が胸の痛みを訴えた。保護者と連絡がとれず、学校が病院受診をさせたところ、肋骨に亀裂骨折が見つかった。B男は養父に蹴られたと説明をした」というように具体的に簡潔に記入します。

支援が長期化している場合、子どもの問題行動や課題に対応することに追われ、保護者のニーズに沿った対応になって方向性が曖昧になることがあります。そんなときに関与の出発点に戻り、目的を確認して支援を再構成するのにも役立ちます。

◆──**安全に関する要因の分析**

　現在の生活のなかで、子どもの安全な育ちにかかわる要因をあげます。育ちを不安定にする要因（リスク要因）と、良好な育ちを保障する要因（安全要因）に分類します。

〈リスク要因〉リスクは子ども自身の課題や養育力、家庭環境などにあります。留意すべきものとして前出の**図表4－2**を参考にしてください。リスク要因が問題とされ、解消のための支援が多くなされるのですが、長い時間が必要なものが多く、支援者が保護者や家庭に代わり、子どもへの良好なかかわりを提供すべき場合もあることを意識しておく必要があります。

　たとえば、「『B男は、聴覚情報だけでは事態を把握しにくく、発達障害が疑われる』と担任教諭は話した」「養父は、児童相談所職員に対して、自らの体験からしつけには体罰が必要だと強く主張している」「母親は鬱状態で投薬治療をしているが、しっかりと薬が飲めておらず、家事が滞ることが多いだろうと主治医は見立てている」といったように、情報源や事実なのか推測なのかなどがわかるように記述することが望まれます。

〈安全要因、ストレングス〉子どもの安全・安心な生活、健やかな育ちに役立つかかわりや資源をあげます。変化の必要がなく、より強化していく部分になります。この安全の要因を明らかにすることが家族や保護者の自信の回復につながりますし、支援者の安心材料にもなります。この安全の要因をいかに増やしていくのかが支援の指標です。たとえば、リスク要因のところで述べた支援者による良好なかかわりの提供は、セイフティネットによる支援として安全の要因となります。

〈不確定要因〉家族の特徴のなかで、子どもの安全にどのような影響があるのか注意してみていく必要のあるものをあげておくことも、必要になる場合

があります。

◆ セイフティ・スケール（スケーリング）

　SFAのスケーリング・クエスチョンを用いて、現状についての認識を数値化します。絶対的評価、ランク付けといったものではなく、なぜそう考えるのかを語りやすくし、議論を深めるために用います。また、数値が1だけ上がった状態を考えることで、具体的なショートゴールをイメージすることを手助けできます。虐待対応の場合、「親子が一緒に暮らすことができないほど子どもが危険な状態を0とし、子どもの育ちが安全・安心に保障されていて何の支援も必要としない状況を10とすると、今は？」といった目盛りの刻み方になります。

　このアセスメントのパートでは、子どもの育ちに役立つものや反対に育ちを歪めてしまうものをオープンに扱うことによって、保護者や子ども、家族に自らの力を認識してもらい、安全要因をどのように増やしていくのかを共に考え、構想してもらえる関係づくりに役立てます。

支援計画

　支援は、未来の安全・安心な生活をいかに保障するのかが目標になります。具体的には、リスクをマネジメントしつつ、安全の要因を増やすために保護者、子ども、支援者がどのように行動していくのかを考えます。

◆ 未来の心配

　Future Dangerと言われるもので、このままの状況が続くと発生が予測される危害と、もう少し先、たとえば思春期に体験する可能性がある危機的な状況というように、直近と少し先の2種類を考えます。これは今後の支援の原点になるもので、「そのようなことが起きないために何をしていくのか」を常に意識していくために、保護者と支援者が合意できる内容を整えることを大切にします。

◆────**安全のゴール**

　保護者に、「支援機関が関与する必要がないと判断する状況とはどのようなものか」を想像してもらい、支援機関の考えも提示しながら、現実的なレベルで実現の可能性のある目標を作っていきます。なかなか簡単に定められるものではありませんが、ヒントとしては、未来の心配を裏返して、ポジティブな表現で整えていくイメージをもつとよいでしょう。

◆────**ショートゴールと取り組み**

　子どもの安全で安心な生活を実現するために時間をかけ、工夫と努力を重ねることは容易なことではありません。あまりにも遠い目標は疲弊感を伴うものなので、「少しいい状態」をイメージし、そうなるためにどのようなことにチャレンジするのかを明らかにします。

11　最新の情報を取り入れよう

　さまざまなアセスメントを紹介しながら、児童相談所が現在取り組んでいる虐待対応、子どもの発達上のニーズの充足を妨げ歪めてしまう不適切なかかわりをいかにブロックし、子どもの安全・安心な育ちをどう保障していくのかという支援の立ち位置というか、哲学を伝えてきました。虐待対応（介入的関与）は、子どもの発達上のニーズに関するリスクマネジメントであり、家族や保護者が良好なかかわりができない場合は、誰かが肩代わりをすることが必要になります。そのため、保護者の成長・変化は従たる支援になることもあります。

　子どもの育ちの安全を確保する支援は、家族の生活のクオリティを高める支援でもあり、介入によって傷ついた保護者の自信や自尊心の回復にもつながるものであるべきだと考えています。しかし、第一義は子どもの安全であり、保護者自身の支援の継続性を担保しようとして、保護者と対立して支援関係が切れてしまうことを恐れ、子どもの安全を脅かすような事態を過小評価することがないよう、注意を払っておくことが必要です。

介入的関与には、従来型の支援的関与の技術に加えてさまざまな技法や工夫を要します。また、日々、新たな研究や実践報告がなされ、対応は進化していますので、最新の情報を取り入れながら工夫を積み重ねていってください。

◎文　献

安部計彦『要保護児童対策地域協議会等関係機関との連携』平成25年度児童相談所長研修（前期）、子どもの虹情報研修センター、2013年

イギリス保健省・内務省・教育雇用省（松本伊智朗、屋代通子訳）『子どもの保護のためのワーキング・トゥギャザー　児童虐待対応のイギリス政府ガイドライン』医学書院、2002年

井上直美・井上薫編『子ども虐待防止のための家族支援ガイド』明石書店、2008年

川﨑二三彦他『イギリスにおける児童虐待の対応視察報告書』子どもの虹情報研修センター、2007年

Turnell, A. & Edwards, S.*Signs of Safety : A Solution and Safety Oriented Approach to Child Protection Casework*, Norton,1999.（白木孝二・井上薫・井上直美監訳『安全のサインをもと求めて』金剛出版、2004年）

内閣府政策統括官（共生社会政策担当）『英国の青少年育成施策の推進体制等に関する調査報告書』2009年

藤井常文著・倉重裕子訳『キャロル活動報告書と児童相談所改革——児童福祉士司はなぜソーシャルワークから取り残されたのか』明石書店、2010年

宮井研治編『子ども・家族支援に役立つ面接の技とコツ——〈仕掛ける・さぐる・引き出す・支える・紡ぐ〉児童福祉臨床』明石書店、2012年

山本恒雄「児童虐待相談における初期調査と子どもからの事情聴取の専門性、およびそれらの基礎となる子どもの安全を軸とした介入的ソーシャルワークの在り方についての調査研究」こども未来財団、2013年

私はこう読んだ　衣斐哲臣

子どものもつ力を信じる2人

　大島さんと菅野さん2人の原稿を面白く読みました。大島さんは、子どもの育ちと癒やしの2つの視点で発達プロセスをアセスメントすることが大切で、それにもとづいて介入する実践を語りました。菅野さんは、子どもの権利擁護と発達保障の支援が児童相談所の社会的使命だとし、そのためのアセスメントと介入実践を語りました。

　2人とも児童福祉領域で長年、実践を重ね、いまは片や大学教授、片や児童相談所長として、社会的要職にあります。両者とも慢性疲労を訴えつつも衰えを知りません。知る人ぞ知る両者とも語りの名人です。しかし、キャラの違いがあります。その違いが原稿に示され、対比して読んでみることで面白さがわきました。

　私なりに内容を対比してみます。菅野さんは、自分の児童相談所一筋の職歴から、過去から現在の児童相談所の社会的役割変遷を示し、従来からの支援的関与に加え、虐待対応への介入関与の発想、アセスメント、技法などについて、最新の児童相談所を総括しました。イギリスのCAFまで持ち出し、体系的な論を展開しました。教科書にも使えそうです。一方、大島さんは自分の児童相談所時代を懐古しながら、1人の心理臨床家として子どもと家族につきあってきたなかでの児童福祉臨床のエッセンスを、大島流に語るという論法で著述しました。エッセイのようでもあります。

　教科書だけでは実践がわかりにくいし、エッセイだけで多くの人にわかってもらうのはむずかしい。私の脳裏に浮かんだ光景は、菅野さんには、この内容をパワーポイントを使って説明したうえでワークをやってほしい。大島さんには、腰を落ち着けて時間制約のないところで、随所に「そこのところをもう少し詳しく聞かせて」って突っ込みを入れながら、1対1もしくは少人数でじっくり聞かせてほしい、ということでした。

　そして、もう1つの提案です。読者の皆さんには、第2部のこの2つの

章はセットにして読むことをお勧めします。そうすると、陰陽太極図のように不思議とお互いがお互いの内容を補い合ってくれます。もう少しいうと、菅野さんの章が地であれば大島さんの章が図になり、図地は反転もします。論調やキャラは違っても、子どもの福祉を願う、そして子どもひいては人間のもつ力を信じるという点で２人のベクトルは一緒ですから、矛盾なく入ってくることでしょう。ついでに、どっちを先に読むのがよいか、これは正直どちらでもいいと思いますが、２回読む人は順を入れ替えて読んでみるとまた別の味わいを感じるかもしれません。

私はこう読んだ
宮井研治

次は具体的な支援のコツを

　２人の文章の読後感は、かなり色合いの違った印象でした。アセスメントについてのとらえ方もこれだけ違ってくるのかというのが、最初に頭に浮かんだことです。そもそも自分のアセスメント観も含めこの違いが個性であるということです。違っていても"間違っている"のではないので、それはそれでいいのだと思います（でなければいままで"そだちと臨床グループ"として一緒にやってこられなかったでしょう）。大島さんの原稿は発達をベースにして、K式などの検査を道具立てとして、早急な判断は下さず、できるだけ長い目で見ていくことを本分にしています。アセスメントというより自分なりのケースとのつきあい方を書いている感じです。菅野さんの原稿は、逆に全体的包括的アセスメントであり、いま考えられる最適な「物差し」を提示しています。CAFという座標軸をもとに、メタポジションに立ち、できるだけ公平性、均質性を重視する立場に立とうとしているように見えます。こうした見方はあくまで私というフィルターを通してのものですが、２人の立場は非常に際立っていると言えます。

　大島さんが彼のアセスメントの基礎となる発達観や、「今」の家族に対

する事情を語るあたりは、非常に説得力があり興味深いものです。女子学生らに3000ｇで生まれてきた子どもが3か月後に6000ｇになることを想像させるくだりであるとか、初めて抱く赤ちゃんが自分の子どもである可能性を授業で取り上げるくだりであるとかは、生きたアセスメントであると同時にリアルなアセスメントの方法の一端を感じさせられました。ただ、最後まで読んでいくと、何でもありの名人芸的な落とし所に終わってしまい、「子どもの成長発達のすごさ」に長く寄り添う支援の有効性について、もう少し具体的に語ってほしかったように思います。

　菅野さんについては、サインズ・オブ・セイフティ・アプローチに根差したアセスメントなど私と被っている部分も多く、とくにアセスメントの留意点においては情報の見極めについて述べられており、なぜ情報の質やバランスが問われるのかということが語られています。非常に共感できる部分です。虐待対応については、支援的関与の技術は尊重しながらも、「子どもの安心・安全」の視点はぶれないという一貫性は明快です。しかしながら、一方で包括的で全体性を重んじるあまり、表面的な記述に流れてしまっているように感じられます。教科書を読んでいるような味気なさを感じさせます。哲学はわかるのですが、大島さんとは別の意味で具体的な支援への活用に言及してほしかった気がします。

　2人の文章に「支援についての具体的な事例の記載がなかった」ということが、私の具体性への欲求を目覚めさせたのかもしれません。これは、見立てばかりで実際の支援が年々少なくなっている自分自身に向けた批判に他なりません。

第3部

アセスメントとコラボレーション

　アセスメント（査定）という言葉は、かつての「診断」が「わるい（よわい）」ところを見つけようとしていたのに対して、「よい（つよい）」ところもあわせて、その対象全体の特徴を描き出そうとしています。そして、相談されたケースへの対応の一番最初に「指針」として鎮座しているだけでなく、「介入」と絡み、その介入によって新たに修正された「指針」としてその次のステージを照らします。

　また、アセスメントや介入は「一方的」なものから「協働的」な色彩を帯びたものへと広がり、なかでも関係機関のスタッフだけでなく対象の子どもや保護者も参加する会議などは、その極みかもしれません。

　さらに、さまざまな臨床活動は相手あっての業務ですから、この協働（コラボレーション）という視点は、それを検討する際の照合枠にもなりうるでしょう。

会議の工夫による展開で
アセスメントはもっと豊かになる

宮井研治

　アセスメントの意義はと問われれば、ちょっと年寄り臭いですが「三人寄れば文殊の知恵」ということわざを思い出します。「凡人でも三人集まれば、素晴らしい考えが思い浮かぶ」といった意味でしょうか。1人でテキパキと部下に指示を出すできた上司になりたいと思います。しかしながら、内実はハラハラドキドキの指示出しという場面は、スーパーバイザー（以下、ＳＶ）の立場にあるかたなら誰しも経験することでしょう。でも、ほんとうに大事なのはそのアセスメントが役に立つのかということです。アセスメントすることでいろんな知恵が出されます。さらに役立つものが得られるであろうと思われるアセスメントの枠組みについて、私がいま考えていることを提示します。もう1つは、アセスメントと治療的介入が地続きであると感じさせられた事例について書きたいと思います。

1 アセスメントと介入は地続きである

　これからお話するアセスメントとは、主に虐待事例を頭に置いたアセスメントだとお考えください。「アセスメントと介入は地続きである」。これも実際の経験のなかで強く思うようになったことです。たとえば、ケースのアセスメントを依頼する担当者（児童福祉司であり児童心理司）はそのケースの解説や解釈を望んでいるわけではありません。まず、次回の面接をどうしよ

うかということから、このケースの着地点はどこなのかということまで、近地点から始まり長期的な地点までの見通しがほしいのです。そして担当者としてどうかかわっていけばいいのか、戦略やそこでのアイデアがほしいわけです。担当者はアセスメント会議で得られた戦略やアイデアを携えて次の面接にのぞみます。だからこそ、アセスメントで役立つものを供給しなければならないのです。役立つ視点や、役立つ対応、役立つ資源などがアセスメントの場において出てくることが望まれます。しかし、現実にはなかなかそうはなりません。抱えるケース自体がむずかしいのですから、当然ではあるのです。アセスメントでいいものが出なくなると、その原因の矛先が担当者に向いたりします。ＳＶも行きづまってしまうのです。「もっとしっかりケースにかかわるように」とか、「もっと話を整理してから」というお叱りを受けることになります。しかし、担当者から言わせてもらえば、「かかわるためにはどうしたらいいのか？」「整理してほしいからケースを提出したのに……」といった不満をため込むことになります。そういうことが続くと、アセスメントの場が形骸化したり、担当者にとってアセスメント会議にケースを提出することが苦痛になってしまうなど本末転倒な事態に陥ります。

2 アセスメントは、どうしてむずかしくなってしまうのか？

　ここでは、むずかしくなってしまう要因について考えてみます。むずかしいとは、いいかえれば、アセスメントの場面において、「いい考えが浮かばない」「参加している人が袋小路に入ってしまう」といった感覚などでしょう。なぜむずかしくなるのか。まず「ケース自体が困難である」ということがあげられます。ケースがむずかしくなればなるほど、アセスメントもむずかしくなります。比較的かかわることが簡単なケースであれば、アセスメントもスムーズに進むでしょう。

　２つ目の理由として考えられるのは、ケース担当者の要因です。たとえば、ケースとうまくかかわれていないとしましょう。かかわれていないがゆえに情報量が少ない、心配な情報ばかりあがってくる、安心な情報は少ない

といったことでしょうか。担当者の力量、実力がケースに関する情報量の多い・少ないを左右する場合があります。ケース自体が困難であっても、担当者がかかわる術をもっていれば、次の一歩を考えやすくなるのは当然です。

　3つ目は、相談を受けるＳＶの問題です（これはアセスメントの形態にもよりますが、ケース担当者がスーパーバイズを受ける場合などを想定しています）。ケース担当や参加者が提出する情報からＳＶは仮説を立てます。ストーリーと言っていいでしょう。ところが、これが、いわゆる腑に落ちない感じと言いますか、担当者から見てしっくりこないことがあります。しかし、考えてみればＳＶは伝聞情報でケースを理解するわけですから、ケースの人となり、声、雰囲気、態度などについては推測するだけです。担当者のように、ケースの子どもや母親、父親の人となりがわかっているわけではないのです。ですから、担当者にくらべてＳＶのケースに対するリアリティは格段に落ちます。そのなかで仮説を立て、ストーリーを紡いでいかなければなりません。経験や知識、リスクに対する感受性が問われます。しかし、ＳＶとしてもケース運びの失敗は避けたいので、いきおいリスク偏重にならざるを得ないのは自明のことかもしれません。

　そして、アセスメントをむずかしくしている４つ目の理由として考えられるのが、アセスメントの構造や方式に関する要因です。最近になってこの視点でアセスメントを改良する取り組みが活発になってきているように思います。従来のアセスメントの方式は円卓形式です。会議といえばコの字型あるいは円卓で、中心点に向かっての対話を手段としながら進めます（**図表５－１**）。そしてケースを提出する担当者がおり、それを受けて仮説構成を請け負うＳＶがいます。つまり会議でのコミュニケーションには投げ手－受け手がいて、対話でやりとりをします。この対話では平等性や均等性があってこそよいものが生まれると思うのですが、それらをこの方式で担保するにはむずかしいものがあると常々感じてきました。また、この形式ではＳＶの能力に頼ってしまい、ＳＶの負担が大きいと言えます。さらに、ケースを提出した側が答えをいただくご託宣型アセスメントになってしまいがちです。声の大きい人や力のある人（これは能力のあるなしもありますが、その職場での立

場や経験年数に左右される部分も大きいのです)の意見が優先され、アセスメントの流れを決めてしまいます。対話は平等とは言えないものになります。

そのため、この形式に変更をせまる形のものが出てきています。私が何年間か取り組んできてよいと思えるのは、サインズ・オブ・セイフティ・アプローチ(以下、SoSAと記載)の流れをくむ一連のアセスメントです。コの字型、円卓形式のアセスメントがダメだとは言いませんが、同じ労力でより役立つものを得られるのなら、以前からの形にこだわる必要はないと思います。

3 役に立つアセスメント

「子どもの安心・安全のためのアセスメント」ですが、SoSAが有効である理由について述べていきたいと思います。SoSAでなければならないと主張したいわけではなく、アセスメントが役に立つための要因のようなものがわかればいいし、そのことによって、アセスメントに関する工夫についてそ

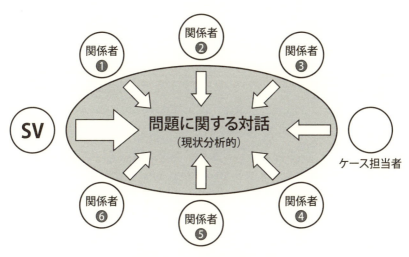

図表5-1　円卓会議の一例

＊矢印は発言力の大小をあらわす

れぞれの立場から語れる土台づくりにつながればいいと考えています。

　SoSAについての詳しい説明は他の専門書にゆずりますが、触りだけ説明すると、SoSAはフレームワークであり、〈心配や不安〉という問題とされる事象を拾い上げながらも、同時に〈安心や安全〉も取り上げることに１つの特徴があります。そのうえでゴールを考えていきますが、これもケースの小さな変化に着目するようにします。当事者のアセスメントへの参加を促すことで、そのゴールはより実行されやすいものとなります。これらの特徴をもちますが、子どもを一時保護所や施設から家に帰すか否かなどの最終決定は児童相談所がしますし、「子どもの安心・安全」が最優先されるところは揺るぎない部分です。

希望をベースにするアセスメント

　SoSAのベースに流れる心理療法にソリューション・フォーカスト・ブリーフセラピー（以下、SFBT）があります。横文字のしかも省略表記ばかり出てきて恐縮ですが、SoSAのつよみを考えていくうえでSFBTは外せないのです。これは解決に焦点をしぼった心理療法です。解決というのは問題の解決も含みますが、問題の起きなかった時間や例外、資源とつよみを指します。質問の仕方に工夫がある心理療法ですが、その根底には「人間は変化していくものだ」という人間に対する眼差しがあります。ですから、できている部分に焦点を当てることでさらに変化を後押しできるのです。焦点が当たらなければせっかくの変化も続かず、問題ばかりがクローズアップされる結果になります。この変化＝解決を拾い上げる、探す、押し広げるという姿勢は、SoSAでの〈安心・安全〉の事象を取り上げるフレームへとつながっています。〈安心・安全〉と同義なのは「つよみ」「資源」「長所」です。さらに平易に言えば「マシなところ」「できているところ」「壊れていない部分」といった表現になります。

　問題も見つめながら、解決も見すえる。この困難な二律背反的状況に立ち向かうのに必要なものが「希望」だと思います。希望は無理に引き出すものではなく、なんとなく湧いてくるものではないでしょうか。気が付いたら

背後にあるもの……。はっきりした根拠はなくとも、「なんかやれそう」というその状況を支配する気分が、希望のほうに振れている場合でしょう。SoSAのアセスメントを終えて、そういう瞬間が訪れることがたびたびあります。この希望に包まれたような気分というのはアセスメントの参加者の主観ですから、これは私の主観でしかありません（私は、SoSAのアセスメント会議では司会者役をすることがほとんどですから、司会者役の主観です）。しかし、参加者から「今日集まれたことがよかったです」とか、「ちょっと元気が出ました」といった感想を笑顔と共にいただくと、役に立っている実感がアセスメントの司会者役としての私に伝わってきます。

　その希望ですが、どこからそれを引き出してくるのでしょうか。実は、「解決」に焦点を当てているという態度にあるのではと思っています。どれほど心配であろうとも「安心や安全の話もできるよ」という態度を、司会者が参加者に示せるかどうかということです。

　逆は、心配をベースにするアセスメントでしょう。繰り返しますが、〈心配・不安〉に焦点を当てることが問題ではありません。むしろ、〈心配・不安〉に着目することは大事なのです。そして、同時に〈安心・安全〉にも着目する。もうおわかりのように、片方だけに着目することはアセスメントを役に立たないものにしてしまう可能性があるということです。しかし、一般的にアセスメントはリスクに偏りがちになります。何も心配がなければアセスメントする必要はないので、当然と言えば当然なのですが……。この心配だけをベースにしたアセスメントに私たちは慣らされています。〈心配・不安〉の情報しか集めなければ、虐待ケースの場合、家庭から分離することしか頭に浮かばなくなるかもしれません。心配がなくなる極端な方法を手にしないと、アセスメントする側が心配になってしまうというわけです。「交通事故を完全になくすなら、みんなが自動車に乗らないこと」といった実現不可能なアイデアが真面目に語られるようなアセスメント会議を想像すれば、この状況がいかにおかしなことかわかるでしょう。

誰がアセスメントの舵をとるのか

　円卓型のアセスメント会議の場合、大枠での司会・進行は中間管理職の役回りとなります。ケース担当者はケースの説明と経過、自分の見立てを述べさせられ、補足説明を求められます。情報が足りないことを責められたり、見立ての甘さを指摘されたりするかもしれません。そのうえで会議の決定に一番影響力のある人（たとえば児童相談所長などその組織のトップ）が意見を述べ、最終のご託宣が会議の総意として述べられ、終了というところでしょうか。

　SoSAをベースにした会議では、会議を仕切るのはファシリテーター（ここでは司会者という言葉を使います）の役割となります。参加者はホワイトボードに向かって着席し、司会者の質問に対して自分の情報や意見を述べていきます。それを書記（司会者が書記も兼ねる場合もあります）がホワイトボードに書き込んで、会議は進んでいきます。ケース担当者は最初にこの会議の目的について説明を求められたり、会議が始まる前に担当者から参加者に対して、"とくに知っておいてほしいこと"を説明するように求められたりします（たとえば、「そもそもなぜこのケースに公的機関（児童相談所や、市町村の子育て支援課など）がかかわらなければならなくなったのか？」といった主訴にかかわること。あるいは、「昨日、また子どもが叩かれたらしい」など最近起きたエピソードなど）。その後、司会者の質問にそって会議は進んでいきます。このスタイルの会議を、円卓型会議と比較して同時並行参加型会議（**図表5-2**）と言っておきましょう。

　この会議では、それぞれの参加者の意見は同等に取り扱われ、ホワイトボードに板書されていきます。同等の重みづけがされ、声の大きい人の意見に他の意見が吹き消されるということが防止されます。一般に対話することは建設的な行為なのですが、円卓会議ではある個人の情報についてそれが正しいのかどうかの議論が始まったり、出た意見を誰かが否定したり承認したりということばかりが続いてしまうことがあります。それをうまく防止し、できるだけ情報を広くホワイトボードに併記していくことで、参加者が同じ

方向を向いて問題を眺めることができます。意見の対立はあっても、それを突き詰める会議ではなく、同じ方向を見ながら考えているということを構造から指し示している会議だと言えます。もともとはそこまで考えて作られてはいないかもしれませんが、その効果は感じます。

オーケストラに例えれば、参加者は各楽器の演奏者であり、司会者はコンダクターとでも言いましょうか。タクトを振る司会者役をもうけるというのもアセスメントにおける1つの工夫であり、そのことにより情報が整理・併記され、俯瞰されるという視覚的な仕掛けへとつながっていきます。

アセスメントにおける視覚的工夫

アセスメントにおける視覚的工夫の有用性についてもう少し付け加えます。ホワイトボード上にフレーム分けして、参加者に尋ねていく内容は、〈安心・安全〉〈心配・不安〉そして〈最初の一歩〉についてです。この〈最初の一歩〉というのは「一歩先の好ましい未来の様子」であったり「次にそ

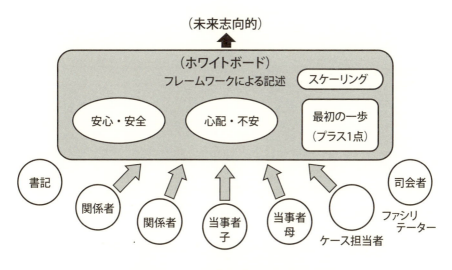

図表5-2　同時並行参加型会議の一例

れぞれが自分の立場でできることの第一歩」であったりします。ゴールがあまり先のことだと、参加者がとても無理だと考えたり、抽象的になってしまったりするので、より現実化しそうな、あるいは取り組めそうなことを想像してもらうのです。

　会議が進んでくると、ホワイトボード上にたくさんの情報が書きこまれますが、埋まるのは〈心配・不安〉のフレームだけで〈安心・安全〉のほうは余白が大きくなることがあります。その場合、参加者は「やはりたいへんなケースなのだ」と認識を新たにするでしょう。当然、〈心配・不安〉より〈安心・安全〉なことが多く出される場合もあります。会議自体の雰囲気がほっとするかもしれません。いずれにせよ視覚的に参加者に考えてもらえる仕掛けが会議を活性化させ、次に進める工夫になっているのです。この会議の司会者役を多くやってきて思うのは、ホワイトボードに参加者からの情報を埋め込むことで、場に一種の一体感が生まれることです。

　さらなる視覚的工夫として、〈安心・安全〉と〈心配・不安〉の情報を集めたあと〈最初の一歩〉に移る前に、スケーリングという「0→10」の評価をしてもらいます。この数字が参加者の目に訴えるのですが、評価の対象は共有されているその日の会議の目的に関することが多いと思います。(一例として「これから取り組んでいくうえで、とてもやっていけそうにないが0点、まったく何の心配もなくて今後こんなふうに集まる必要も感じないくらいが10点だとしたら、今日のあなたは何点ですか？」)。

　ごくまれに、生真面目な参加者から「点数なんてつけられません」とお叱りを受けることがあります。しかし、スケーリングの目的は厳密に数量化することでも、単純化するだけでもありません。言葉という個人のイメージが付加されやすい表現を、それよりは単純な数字に一本化してみることで、あるいはホワイトボード上にならんだ各自の数字を見比べることで、自分の認識を再確認するかもしれません。

ケースの当事者が参加することでの展開

　ここまで述べたように、アセスメントの形態や工夫によって、アセスメン

トの中身がより役立つものになっていきます。ここでさらにつけ加えておきたいのが、会議に参加するメンバーによってアセスメントの性格が規定されていくということです。①そのケースの担当者のみが参加し、自分で自分のケースを整理するためにSoSAの型式を利用するコンサルテーションといった感じのもの、②かかわっている担当ワーカーや心理など、同じ機関の職員が集まる作戦会議的な色彩のもの、③他機関の職員（市町村の担当者、保健センターの保健師など）や、地域の民生委員、学校などが参加する拡大関係者会議的なもの（これは過去からの流れを概観して情報をすり合わせ、最終的に役割分担をしていくといった性格のもの）、④当事者である保護者や子ども本人も参加するもの、などです。当事者の参加によるアセスメント会議は、親や子どもなどの当事者側にとっても関係者側にとっても、その後の関係への影響は大きいものです。会議が始まる前は、相談する側－相談される側、介入する側－介入される側といった対の関係や上下関係が色濃い場合があるでしょう。さらには、敵対関係のまま両者が会議に参加する場合もあります。

　実は舵取り役の司会者から言えば、拡大関係者会議の進め方が一番苦労します。紛糾する場合は、参加者がそれぞれの機関を代表するばかりで意見が対立したり、もっている情報が少ないにもかかわらずケースに対する思いこみだけの発言が先行してしまったりするからだと思います。当事者参加の会議は予想以上に話が進んだり、思わぬ意見の一致が見られたりして、司会をしていてびっくりさせられることがあります。思い込みはいけませんが、当事者はどんな会議か自分はどんな立場で呼ばれるのかわかりませんから、おっかなびっくりで参加することが多いでしょう。とくに過去に虐待を告知されている場合などは、また過去のことを持ち出されるのか、また叱られるのではないかと疑心暗鬼になって来ている場合も考えられます。

　ところが先ほどの構造の特徴で紹介したように、一参加者として同じ立場で参加し対等に遇されます。当初おそれていたように糾弾されることなく、それどころか、よいところやできていることなどの長所を評価されます。参加者たちがお世辞を言っているわけではないことは、当事者にもすぐにわかります。面映ゆくはあっても決して不快な感じはしないでしょう。そ

うした流れのなかで、きちんと過去の虐待のことを伝えてもほとんどの当事者は黙って聞いてくれます（内心まではわかりませんが）。

たまに、「当事者が参加する会議では、本音がしゃべれない」「会議が表面的なものになってしまう」という意見が出されることがあります。しかしこれは的外れのように思います。当事者が参加した会議であるなら、そこで語られることのみが参加者間で共有されうることではないでしょうか。当事者が参加している状況では伝えられないと会議のせいにせず、伝えたり知ってもらいたい情報や意見ならば、伝えやすいように言葉を選んだり表現を変えたりする工夫が必要でしょう。関係者だけの会議とは違うわけですから、そこで使われる言葉は変化して当然だと思います。「親にはもっと状況を理解してもらわないと」「現状はもっと深刻だ」と会議の場以外で話している参加者がたまにいます。もしそう思うのであれば、会議の場でそう伝える努力を自身がしているかどうかをまずは振り返ってみてほしいと思います。私の経験では、そう言う人に限って、会議では心配や不安をまったく口にしないことが少なくありません。自分で言えない分、他者に言ってほしいということなのでしょう。この参加者と当事者との関係性こそが、このケースのうまくいかなさを表わしているものと考えられます。

当事者が参加する会議を、とくに「応援会議」とネーミングします。ホワイトボードに「○○君の応援会議」とか「○○さんの家の応援会議」と書き出します。当事者と関係者間に協働という橋をかけるという効果をねらっていることは事実ですが、「応援したい」という単純な意思表示でもあります。ときにはシンプルに伝えることが、こんがらがった関係性に変化を与えることもあるということです。会議への参加をさんざんしぶっていたお母さんが、会議終了後に一言、「まさか応援してもらえるとは思っていませんでした」とおっしゃることは珍しいことではありません。

4 アセスメントから治療面接が始まった事例──T君の応援会議

「アセスメントと介入は地続きである」と述べましたが、ここで、家族を

交えた「応援会議」の形式で始めたアセスメントが、治療的なかかわりへと自然発生的に移行していった事例について取り上げます（プライバシー保護のために事実関係には変更を加えています）。私が司会者でありつつ、さらに踏み込んでセラピストとしての役回りをとりました。

「このケースどうしたらいいでしょうか？　こんな状態でアセスメント会議って開けるでしょうか？」といきなり担当ワーカーがケースの相談をもちかけてきました。疑問文でアセスメントの依頼を受けたときは、ちょっとこちらも気を引きしめた方がよいようです。そういうとき、ケース担当者にアセスメント会議でどんなことができたらいいのかを尋ねます。

「T君の悪質ないたずらと言いますか、ちょっかいをかけすぎると言いますか。ご両親の疲労の様子が尋常ではなかったので、一時保護してこれからを考えましょうかという提案もしたのですが……。ご両親も最初はその提案に乗り気でしたが、直前になりキャンセルされました。以前はお母さんがかなりまいっていたようですが、最近はお父さんがT君のいたずらで眠れないと訴えてこられて……」

ワーカーとのコンサルテーション

　事態はかなり錯綜しているようでした。別の言い方をすれば、担当ワーカーも巻き込まれて揺れているのは明白でした。そこで、応援会議をする前に担当ワーカーを対象にコンサルテーションをすることを提案しました。担当ワーカーにホワイトボードの前に座ってもらい、この家族とのこれまでのかかわりを整理しました。センターとしてかかわることになった最初の出来事は、「T君がお母さんの携帯から電話して、勝手に必要もないサプリメントを大量に注文する（新聞のチラシを見てかけたようです）といういたずらが日常的になった。そのことを父親が注意すると、翌日、学校で"自分は家庭で不当な扱いを受けている"と教師に訴えた（T君はこのような言い回しを好みます）。虐待を心配した学校が緊急に家庭訪問し、その後、人一倍体面を気にする母親と学校の仲が険悪になった。そのさなかにT君は家近くのコンビニで猫の餌用の缶詰を万引きして母子で謝りに行くという出来事があり、

"言っても聞かないなら"と母親は包丁を持ち出しそうになった。そうした経緯を母親のほうからセンターに相談したことがかかわりの発端になった」とのことでした。

　もちろん、ワーカーから学校に事実確認もしました。ワーカーは、T君のいたずらに端を発して、親のほうがT君に暴力を働いてしまうことも心配していました。T君自身の特徴をつかむために心理司面接が行なわれました。知的発達には軽度の遅れが見られ、しつこさやこだわりのつよさなど発達的な偏りも見られるとされました。ワーカーから見てのこの家族の〈安心・安全〉を尋ねると、これだけのことをされても両親はT君を愛しているように見えるとのことでした。父親は小さな会社を経営しているのですが、将来はT君にその事業を引き継げるように頑張ってきたと話しています。母親はぜんそく気味のT君のためにありとあらゆる治療法を試してきて、いまは健康面での心配はないと言っているとのことでした。

　〈心配・不安〉ですが、T君を家でみるのは限界と訴える両親への提案として一時保護をあげ、家族で話し合ってもらいました。「それはよい手だ、試してみたい」と珍しく両親間で意見の一致をみたのですが、いざT君との話し合いになると、両親は「先生（ワーカーのこと）が一時保護所に行きなさいと言っている」「おまえさえ心を入れ替えればこんなことはしたくない」と、自分たちの都合のいいように話の筋道を変えてしまいました。そんなことでは一時保護に至るはずもなく、また一時保護する意味もなくなりました。結局、T君のいたずらはさらにヒートアップする（「テレビのボリュームを最大にしておいて、深夜に帰宅してテレビを観る父親をびっくりさせる」「自転車に乗っている父親のポケットから、携帯を奪い取り、あわてて奪い返そうとして父親が転倒、肩を脱臼する」など）ことになり、2週間後に両親から「何とかしてほしい、発達障害なら薬を出してほしい」といった執拗な訴えをワーカーが受けることになりました。それが最近の〈心配・不安〉としてホワイトボードに書き入れられました。

　「なぜこのような経過になっているのか、そのことを両親を交えて整理するところから始めましょう。お父さんとお母さんの考え方も微妙に違ってい

るし、そのことも含め現状を共有しましょう」ということになり、担当ワーカーとしても会議を開く目的が整理されました。

応援会議のスタート、予想外の当人参加

　1回目は両親だけに来てもらい、担当ワーカーと3人での会議の予定でした。ところがT君も現れました。父親が開口一番、「家にいろと言ったのですが、家の鍵を隠すし……。おとなしくするということで連れてきました」、母親は「言うことを聞かないんです。1人でおいておいたら何をするかわからないし……」と続けます。ワーカーは面目丸つぶれの感じです。T君だけはニヤニヤしてさっそくホワイトボードに興味を示しています。

　2回目からの両親とT君も入れた会議を考えていましたが、早目の家族全員を交えた「応援会議」としてスタートさせることにしました。ホワイトボードに向かって半円形に並べられた椅子にそれぞれ着席してもらいます。両親は並んで、T君は母の側の椅子に腰掛けました。

　担当ワーカーから今回の集まりの目的を説明してもらいました。とくにこの部分は、担当ワーカーに再度主導権を握ってもらうために大事だと考え、少しもったいぶった感じで始めてもらいました。T君は「会議」という言葉に興味をそそられたようで、何やらノートと鉛筆を出し筆記の準備をしています。それを見て司会者が、「このボードに書かれたことは後でデジカメに撮ってプリントアウトするから会議に集中してください」と声をかけると、両親とT君が一様にうなずきました。父親からまず〈安心・安全〉をしゃべってもらいました。話しているうちに、いつのまにか心配ごとのほうに向いてしまいますが、T君の「マシなところ」を思い出してもらうよう促します。母親も同様の反応でした。よいところを見つけてもらい、T君は少し満足そうな表情でした。もちろんT君にも尋ねましたが、自分のことや家族のことで長所を見つけることはできませんでした。

　一方、〈心配・不安〉の項目になると、父も母もわれ先にと訴えてきます。父親は、T君の執拗ないたずらがいかにひどく非人間的なことかを訴えます。大変さはくみ取りながら、さらに具体的に話してもらいます。このあ

たりからT君の落ちつきがなくなりました。父親の話をさえぎり、「F夫さん（T君は父を名前で呼びます）のやっていることは虐待です。家庭で僕は不当な扱いを受けているんです」と弁護士のように訴えます。そうすると母親がT君に向って「静かにしなさい。それならもう連れてこないよ」と金切り声をあげます。すると父親が「先生、見苦しいところをお見せします。いつもこうなんです。親の話なんか聞いちゃいない」。この家族のようにアセスメントをしている最中に正面切ってルール（人が話している間は聞くこと、人の話は否定しない）破りをするのは珍しいことです。ワーカーは自分の責任のようにあわてています。たしかに私も困りましたが、いつも家庭で起こっていることを見せてもらえているのだと思いなおし、アセスメントしながら同時に家族のやりかたにも介入してみようと決めました。もちろん、家族のやりかたなどと言うと、お父さんやお母さんやT君さえも口を揃えて「好きでやっているのではない」と主張するのは間違いありません。

アセスメントから治療面接へ

　なぜ私が治療面接へと方針を変えたのかというと、簡単に言えば、家族が家庭でのいつもの動きをアセスメントの場に持ち込んでくれたので、それを逆手にとって同時に治療面接をやろうと思いついたのです。ここで行なったのは家族療法です。その後もT君は真面目に窮状を訴える父親（父親を非難するつもりはありませんが、この真面目さがT君には面白くて仕方ないようで、いたずらを増長させているようでした）をからかうために茶々を入れたり、側に行って背広を引っ張ったり、変な音をたてたりします。そのたびに父親は顔を真っ赤にして、「いい加減にしなさい」とT君を怒鳴りつけます。すると、T君は待ってましたとばかり、今度は父親の鞄をひったくろうとして綱引きを始めます。そのやりとりを今度は母親がうんざりした顔で見ながら、「止めなさい！　２人とも！」とヒステリックに叫び、２人は小休止します。ここまでが一括りといった感じです。それでしばらくするとまた同じことが繰り返されます。半永久的にくり返されるショートコントのようなものです。

まず、T君を再び会議に参加させることをテーマにしました（少なくとも〈安心・安全〉のフレームの部分では参加できていました）。それを家族にやってもらえるのかを見てみることにしました。まずは司会者から会議のルールをT君に伝えました。T君はなぜか私の言うことには敏感で少しおとなしくなりました。しかし、すぐに父親をからかい始めます。今度は私から父親に指示して「T君を静かにさせてください。T君は賢いのでルールはわかっています。後は守らせるだけです」とちょっと突き放した指示をしてみました。簡単ではありませんでしたが、結局、父親は母親の力を借りてT君のルール破りを抑え、T君も会議の最後まで席に着くことができました。

　これは家族療法ではスタンダードな介入の仕方で、両親の結びつきをつよめ、子どもとのバウンダリー（境界）を面接場面で引いてみるという実演です。両親の権威づけにもなります。バウンダリーがあいまいなことだけが問題ではありませんが、家族に世代間境界を意識してもらったり、新たにバウンダリーを引く努力をしてもらうことで、家族がよい方向に動き出すことはしばしば見られることです。こう介入したことでT君も会議に参加し、自分自身の抱える不満の表明の時間をもつことができました。それは「自分の部屋に鍵を付けてほしい」ということでした。スケーリングは、両親、T君ともに［1］でした。担当ワーカーのみ［3］で理由は「とにかく会議ができたこと」をあげました。

　この後、月に1回の頻度で3回ほど「応援会議」を開きました。セラピストとしての治療目標は、一貫して両親と子どものバウンダリーを引くことでした。そのために応援会議を利用しながら、面接のなかで両親に話し合いの場をもってもらい、面接のなかでバウンダリーを引いてもらいました。また、先ほどのように両親からT君に指示を出してもらい両親の権威を高めたりと、手を変え品を変えトライしてみました。T君のちょっかいがけは急におさまりはしませんでしたが、親子で会議に参加できました。結局、「イライラがおさまらない」というT君の訴えについて親子で話し合い、会議のときに担当ワーカーから〈最初の一歩〉として出されていた、「T君が医療機関にかかりお医者さんとも話ができること」を試すことになり、応援会議は

一時お休みになりました。医者嫌いのT君でしたが、今回はすんなり受診したようです。

5 勇気づけのアセスメント

　上記のようにアセスメントから連続的な治療面接へ自然発生的に移行することは、キャパシティの問題もあり、たくさんできるわけではありません。一方で、期間をあけて継続的に1つのケースをアセスメントする機会は増えています。T君の事例は、アセスメントがケースマネジメント全体にかかわってくる一例として取り上げました。

　アセスメントについては、介入や治療に先立って行なわれるものだというイメージがあります。しかし、アセスメントは介入や治療、フォローアップに影響を与えその方向を左右するものでありつつ、フォローアップの先にまたアセスメントを続けていく一連の流れがスパイラル状につながっているというイメージを私はもっています。そして、アセスメントは担当者の頭のなかで常にくり返されるものを最小単位とするなら、当事者や関係機関が一堂に会したところでのものを最大単位として、常にいろんな場所で行なわれていると言えます。

　最も効果的で意義のあることは、アセスメントの最終目的の1つは勇気づけにあるということです。そのために、リスクマネジメントをしながら、一方で必ず〈安心・安全〉に着目する「希望をベースにしたアセスメント」を行ないます。それが、当事者を含む関係者に「相変わらず問題はあるのだけれど、なんとかやっていけるかもしれない」という勇気を与えるようです。現在の私のなかに確信として存在しているのはそういう手応えです。

◎文　献

岡田隆介『家族が変わる、子育てが変わる──コミュニケーションのヒント』明石書店、2011年

ターネル、アンドリュー／エドワーズ、スティーブ『安全のサインを求めて──子

どもの虐待防止のためのサインズ・オブ・セイフティ・アプローチ』白木孝二・井上薫・井上直美監訳、金剛出版、2004 年（Andrew Turnell & Steve Edwards, *Signs of Safety:A solution and Safety Oriented Approach to Child Protection Casework*, 1999）

ディヤング、ピーター／バーグ、インスー・キム『解決のための面接技法――ソリューション・フォーカスト・アプローチの手引き』桐田弘江・玉真慎子・住谷祐子訳、金剛出版、1998 年（DeJong, Peter & Berg, Insoo Kim, *Interviewing for Solutions*. 1988）

6
システムズ・アプローチにもとづく関係機関療法

伏見真里子

　本章では「システムズ・アプローチにもとづく関係機関療法」についてご紹介します。この手法のベースはシステムズ・アプローチ（家族療法とかソリューションフォーカストブリーフセラピー＝SFBTもその一部です）であり、事業というハード面がなくても実施できる技法ですが、平成13年度から平成15年度までは、岡山県精神保健福祉センターで国のモデル事業「思春期精神保健ケースマネジメント事業」として実践したものです。複数機関によるアセスメントのなかに、家族療法的な視点をもつことや、機関協働をメタポジションでみる事務局（コンダクター）の存在が、本手法の特徴です。つまり、システムズ・アプローチの対象が家族だけでなく関係機関の担当者たちであるという点が独特と言えるでしょう（家族やこども本人が会議に参加することも、もちろんあります）。

　「家族療法」という言い方に対応させるならば、「関係機関療法」と言えるでしょうか。ここではそう呼ぶことにします。家族を応援するための会議に、家族以外の関係者も含み、「つよみ」を強調していくという点ではサインズ・オブ・セイフティ・アプローチ（SoSA）に似ているところもあります。会議では、サインズ同様にSFBTや家族療法などの考え方や手法を使っていきます。家族が定期的に来談できるケースは限られますが、関係機関の担当者なら比較的集まりやすいという利点もあります。

　さて、複数の機関による支援は必要とされているのですが、実際にはそれ

それの機関の視点や理念、社会的役割の違いやケースに対する評価の違い、また対応方法の違いのために協働に困難を伴うことが少なくありません。この問題を少しでも解消するために、共通の手法のもと協働のとりまとめをするコンダクター役が必要です。ファミリーセラピストならぬ関係機関会議コンダクターとでも言いましょうか。前述の事業ではケースのマネジメントをする「事務局」をおき、会議のコンダクターと全体のケースマネージャーの役割を担いました。本章では、「事務局」という言葉に「コンダクター」や「マネージャー」という意味を含め進めていきます。事務局は機関間（担当者間）の協働のモチベーションを高め、機能をよくするために、担当者から活動の経過を聞いてプラスの意味づけをし（これは担当者以外の関係者のモチベーションをあげることにもつながります）、うまくいったことは関係機関担当者が参加する会議の席でコンプリメント（称賛）します。家族や子どもが参加する会議もありますが、そのときは父母の努力をコンプリメントするのは当然として、家族に上座に座ってもらったり、家族の隣に家族が信頼する関係機関の担当者に座ってもらったり、開催日時や場所は家族の希望を最優先するなど、家族や本人が大事にされていると感じられるような細やかな配慮をしていきます。家族が参加しないときは、一番外に出にくい人、時間がとりにくい人のいる機関へ集まることを決めています。

1 関係機関療法の進めかた

ケースマネジメントの開始

それでは、実際の事例の流れを追いながら説明していきましょう（ケースは本質を損ねない程度に変更を加えています）。

> 【タカシ君（15歳〈中学3年生〉男児）】
> 　児童精神科Aクリニックの看護師長から、事務局へ以下の相談がありました。

Ａクリニックに小学生の頃から通っているタカシ君（ADHDと診断されている）が、家庭内暴力と家出などで落ち着きません。たまに家に帰っていますが、作っておいた食事はとらず、作ってなければ怒って暴れ、寿司やカツ丼をとるように要求します。母も不安定であり、せっかくタカシ君が帰ってきてもヒステリックに声をかけてしまって、結局は本人が家を飛び出すというパターンを繰り返しています。父がいるときには父とタカシ君がお互いに興奮し、家のなかの物が壊れてしまうまでにエスカレートしてしまいます。家出をしたときに行く家は、最近引っ越してきた同級生の家（以下、Ｂ家）なのですが、その母は非行文化に寛容で、本児をつれて知人の家へ殴り込みをかけたり器物破損するなどの行動があるため、ご両親は心配が絶えません。タカシ君のお母さんが精神的にまいっているのでなんとかしてあげたいと看護師長から相談がありました。タカシ君は以前は飲んでいた薬も飲まず、受診にも来なくなり、医療機関単独では対応ができないのでケースマネジメントをお願いしたいとのことでした。

　ケースマネジメントは、次ページの**図表６－１、６－２**のように、ケースの受理、当事者訪問・ニーズの把握、支援活動チームの編成、アセスメント、支援活動、モニタリング、再アセスメント（もしくは活動終了）という手順で行ないます。以下、それぞれの留意点について述べます。

　事業としてはコンダクター役となる事務局をおきましたが、通常はそのような役割を専らにする機関はないと思いますので、他機関と協働してケースマネジメントをしたいと言い出した機関（「申し出機関」と呼びます）や児童相談所がこの役を担うようになるでしょう。理想を言えば、もともとかかわりのない機関（悪循環に巻き込まれていない機関）がコンダクターとなるのがよいように思います。

図表6−1

図表6−2

ニーズの把握

　看護師長とともに事務局が家庭訪問をして、あらためてニーズの把握を行ないました。残念ながらタカシ君は不在でお父さんとお母さんからお話をうかがいました。学校や関係機関の思いと本人や家族の思いが食い違うことがありますが、本人や家族の思いを支援目標にすると、家族や本人のモチベーションが上がってよい結果に結びつくようです。本人にとって役に立つ支援をするには、直接家庭へうかがってお話を聞くことが有効です。御用聞きのようなものかなあと思います。ニーズ調査票（**図表6－3**）に沿って尋ねると、看護師長から聞いた主訴のほかに、家庭の経済状況は安定していること、監護の必要な親族はいないこと、大事な一人っ子で父母の気持ちはタカシ君に向いていること、遠方ではあるが祖父母との関係はよいこと、授業に入らず成績はわるいが中1くらいまでの基礎はできていること、学校からはことあるごとに呼び出されていること、趣味は父と共に釣りをすること、中学に入ってからの非行に親和性のある交友関係はすべて父が断ったこと、そのため友人がなくB家の転校生と急速に接近したことなどがわかりました。

　相談場面で主訴を聞いていると、問題がクローズアップされがちですが、ニーズ調査票に沿って幅広く尋ねると、問題とされていること以外にうまくいっていること＝「つよみ」も見えてきます。タカシ君のお母さんの一番の願いは、タカシ君に家に帰ってきてもらうことでした。家にいると暴力や反抗などで困ることはありますが、「それでも早く帰ってきてほしい。よその家にとられた感じがして悲しい（悔しい）」のだそうです。私たちはタカシ君のご両親に、今後の対応はAクリニックだけではむずかしいので学校や児童相談所にも協力をしてもらって、タカシ君が家に帰って来られるように考えていきたいことを話し、機関協働の了解を得ました。

図表6−3 ニーズ調査票

	①現状	②当事者が困っていること、ニーズ	③関係者がみたニーズ	④必要と思われる支援
家庭の経済状況	父:内装業自営。母:自営手伝い(家にいることが多い)。	経済的に困ってはいないが、裕福なわけでもなく、母は外で働きたいと思っている。母の就労について、父は乗り気でない。		
住居	持ち家。古い一軒家。中古で購入。	少し古いので、母は建て替えたいと思っている。		
家事	母がする。	母は、タカシくんの食事を作ったらいいのか、どうしたらいいのかわからない。		
養育・介護	父かた祖父母は市内で元気。母方は遠方の県外。伯父家族と同居。介護等の心配はない。	困ることはない。		
医療	小学校低学年の頃からAクリニックへ受診。スタッフに可愛がられている。	薬を飲んでいないのが心配。		
障害	ADHDと診断されている。	けんか等トラブルが多い。カッとなりやすい。		
仕事				
居場所	転校生宅、B家。時々、学校へ行く(給食を食べるため)。	家にほとんど帰らず、帰っても母と口論になり飛び出す。学校でも居場所がなさそう。	家で落ち着いて過ごす時間を増やす。	母子関係の調整を。
学業・学校に関すること	中1までの基礎学力はあるが、その後は怠学で身についていない。	父母は高校に進学してほしいと思っているが、学校に行かず、勉強が遅れている。	進路について検討する。	本人・父母の気持ち、学校の先生の意見、児童相談所の検査結果などから、進路を考えていく。
友人関係	非行傾向のある友人を父が切ったため、孤立ぎみ。他の生徒はひきぎみ。B家転校生のみが友人。	学校に行っても特に親しい友人がなく、間がもたない。	学校に居場所をつくり、適応を良くするために、友人は必要。	学校での役割をもたせる。役割を通じた他児とのかかわりや以前仲の良かった幼なじみなどとの交友を促す。
趣味	釣り。	父は、以前のように一緒に釣りにいきたい。		
その他	一人っ子で大事に育ててきた。父母や祖父母になつき、もともとは素直な子だった。	コミュニケーションがとれない。メールへの返信もない。以前のように家族で会話をしたい。		

このように、申し出機関（もしくは申し出機関と事務局）が当事者・家族を訪問してニーズを把握します。このときに、様式「ニーズ調査票」を利用します。この段階では、本人や家族のニーズは表明されたままの言葉に忠実に記入しておきます。表明されたニーズの本質的な意味や真のニーズについては、関係機関が集まったアセスメント会議で検討されることになります。

支援活動チームの編成・アセスメント会議

　支援活動チーム編成後、アセスメントのためのケース会議を招集します。
　参加者は支援活動チームメンバーと事務局です。情報共有を主目的とする会議とは少し趣が異なり、直接、家族や子ども本人にかかわっている担当者から、それぞれの見立てや支援への意見を引き出していきます。コンダクター（事務局）は、ケースのつよみを引き出すような質問をするよう心がけます。

　　事務局から学校と児童相談所にタカシ君の状況を話し、支援のために力になってほしいことを伝えました。具体的な支援について話し合う場なので、参加者は管理職ではなく直接のケース担当者にお願いしました。参加者は学校の担任の先生、教頭先生、児童相談所の担当福祉司、Ａクリニックの主治医、看護師長、事務局でした。これを「支援活動チーム」と称します。ニーズ調査票をもとに作成した表（図表６－４「ケースマネジメント申し出時のニーズ」）を用いて情報を共有しながら、アセスメント票（図表６－５）にしたがってそれぞれの機関の得意分野の見立て（社会診断、心理診断、医学診断など）を出し合いました。

　　中学校からは、担任の先生と教頭先生が来られました。担任の先生は20代の男性で、タカシ君との関係はわるくありませんでした。タカシ君は、家出中も給食を食べるために登校することがあります。タカシ君が担任の先生に話したところによると、「夕方、家に帰ると母

図表6－4　ケースマネジメント申し出時のニーズ

ニーズ	保護者意向	・家に帰ってきてほしい ・以前のように家族で話しがしたい。
	本人意向	（推測） ・友人の家にいるのは自由で楽しい。でもたまには家で夕食を食べたい。 ・たまには自分の部屋でゆっくりしたい。 ・将来は父の仕事を嗣ぎたい。
	関係者意向	（Aクリニック） ・本人が来院せず、服薬もしない状況では対応ができない。 ・まずは、家に帰る事、服薬すること。 ・帰りやすい家、飛び出さなくていい家にしてほしい。
支援	現状	・学校にも家庭にも、本人の居場所がない。 ・帰宅しても母と口論になって、また飛び出してしまう。 ・本人の通院が途切れ、服薬もなく、Aクリニックのかかわりができない。
	不足	・家族調整 ・学校での居場所づくり ・通院と服薬

があれこれと聞いてきてイライラしてくるので、また外に出たくなる」ということでした。「たまには自分の部屋でゆっくりしたいと思うけど、今は家を出ているのが楽しい」と話したそうです。「夕食は友だちの家では作ってもらえないので家で食べたい、その後はまた遊びに出たい」とも言っていたそうです。授業に入るように促すと、「将来は父の内装業を継ぐので勉強しなくていい」と言ったとのことでした。学校では授業に出ず校内外をうろうろしたり、服装や生活態度へのちょっとしたことに注意を受けると反抗的になり、ときには暴力もあって困っているということでした。たびたび保護者を学校に呼んで話をしますが、母は怒ったり泣いたりして不安定であり、父は自分たちがいかに保護者としての努力をしているかを主張するだけで前に進まないということでした。学校から見ると、父は力ずくで我流の対応をしていて、他の保護者も巻き込んで事態はかえってわるくなる一方だということでした。

しかし、アセスメント会議の場で、コンダクター（事務局）が支援活動チームメンバーの面々に確認してみると、ご両親は呼び出しには

図表6-5　アセスメント票

面接所見・処遇意見	(社会診断)	・実父母との3人家族。父は内装業の自営。母は手伝いと家事。 ・経済的にはまずまず安定しているが、母は外へ働きに出たいと思っている。父は母の就労に乗り気ではない。 ・タカシくんの行動化に伴い、母との口論が増え、ますます家から離れることになっている。母はやや神経質。
	処遇意見：母子関係の調整が必要	
	(心理診断〜発達診断含む)	知的には正常。衝動性が高く、トラブルが多いが、ものの見方のズレや歪みはなく、社会的な理解はある。そのためタカシくんは自分の行動に落ちこむことがある。トラブルのたびに叱責を受け自己評価が下がる。褒めるとこをみつけて褒める必要がある。言葉よりも文字のほうが冷静に受け取りやすい。
	処遇意見：コミュニケーションには配慮が必要。 　　　　　失敗は自分でわかっているので、叱るよりは励ましを。 　　　　　ややこしいことは言わず、文字で伝える。	
	(医学診断〜発達診断含む)	・ADHDと診断。 ・服薬必要がある状態で、薬は効き目があるが、現在飲んでいない。 ・通院歴は長く、スタッフもよく知っている子。来院すればみんなで声をかけることができる。 ・落ち着いてさえいれば、人なつこい子。
	処遇意見：通院、服薬の再会を。	
	(教育診断)	・中1までの基礎学力はある。中2から非行化し、怠学傾向と共に成績が落ちた。現在は非行グループとのつながりはない。父が怖いので他児がひいている。 ・父母はクレーマー。トラブルの度に呼び出して指導をするが、逆に学校にクレームをつける。担任とタカシくんの関係は悪くない。給食を食べに登校したときに話ができる。
	処遇意見：学校での居場所や役割をつくってやりたい。進路について相談にのりたい。	
	(その他の診断)	
総合所見	・タカシくんが家に帰るためには、まず直接の刺激である母との関係調整が必要。 ・父母は問題解決のための努力を続けていて、その熱意は評価できる。 ・熱意に効果的な方向性を与え、父母の頑張りを励ましていくのがよいか。	

必ず応じるし、急なキャンセルもなく、2人そろって来校することや、家でも暴れているのにもかかわらず「心配だから家に帰ってきてほしい」と母が思っていることがわかりました。また、関係機関の担当者たちから無茶苦茶だと思われている父の行動を、「父は自分なりにタカシ君のために行動している。熱意があって行動力がある。あとはやり方と方向性を修正するのみ」とリフレイミングしました。

　Aクリニックの主治医は、最近は1人で来院する母の不安定さを心

配されていました。小学生のころから母子を見ていて、お母さんにとっては可愛い一人息子であり、それはいまも変わりないこと、タカシ君が他児の母と気が合い、その家に入り込んでしまって帰ってこないことに、大切な子どもを取られたような、悲しいような悔しいような、嫉妬さえ感じているとのことでした。

タカシ君のADHDは衝動性が目立ち、服薬が必要な程度であるにもかかわらず、家出が頻繁になってからは服薬できていないとのことでした。また、父はタカシ君の特性を理解しようとしないようでした。

児童相談所は中2の時に触法行為（対教師暴力）で相談を受けていました。心理検査等の結果、知的には正常で、社会的な理解はあるのですが、やってしまってから気づくのがタカシ君のいつものパターンだという説明がなされました。数回の通所をしていますが、そのなかでやってみてうまくいったことは、会話でなく文字でやりとりすることでした。母と口論になったときには、直接話すのでなく紙に書いてテーブルの上においたりメールでやりとりをすると、トラブルが減ったということでした。

支援活動計画

アセスメントをもとに、具体的な支援活動計画を立てます。その際、子どもたちが成長発達過程にあることを意識して、短期目標とともに中長期的な目標を立てます（将来の夢などは変わることもあるので、モニタリングごとに検討します）。すぐに動き出す支援については、どの機関が、いつ、どのようなかかわりをするのかといったことを具体的に決めて共有しておきます。

《短期目標》
①タカシ君が夕食だけでも家で食べられるようにする（その後、遊びに出るかもしれないが、まずは夕食の実現にしぼる）
②父にタカシ君の特性を理解してもらい、適切なかかわりかたを

知ってもらう
　　③服薬を確実にする
《中長期的目標》
　　①家に帰ってくる
　　②父の仕事をつぐ
＊短期目標の②は、さっそく、次の確認会議の場を利用して主治医から父に話してもらうことになりました。

確認会議

　支援計画がこれでよいかどうかを、家族や本人に確認してもらうための会議です。家族や本人も出席します。ケースマネジメントのはじめに、家族・子ども本人のニーズを確認し、それにもとづいて支援計画を作っているので、家族や本人の望まない方向への支援計画にはならないのですが、家族や本人が参加する「確認会議」の場で確認してもらいます。「アセスメント会議」での決定事項が子ども本人と家族へ伝えられ、支援活動についての了解を得たり、家族や本人の意向を受けて変更されることが必要です。「確認会議」は、必要に応じて参加機関を決めればよいのですが、細部の調整だけでよいことも多いので、会議を開かなくても、実際に支援をしている担当者が家庭訪問などの通常の支援活動のなかで行なうことも自然かと思います。

　「確認会議」には、タカシ君のご両親とアセスメント会議のメンバーが集まりました。まずご両親に一番上座、主治医と看護師長の隣に座ってもらいます（こういう小さな心配りが案外大事で、その後の展開に影響を与えたりします）。それぞれに挨拶をし、コンダクター（事務局）は、ご両親のこれまでの苦労をねぎらいました。お父さんはどれだけの努力をしたか、その苦労を語られました。予想外に長かったのですが、みんなで傾聴しました。お父さんが機敏に動かれるということを評価し、その動きを効果的にするために、タカシ君のことを医

学的な面から説明してもらってどんな接し方がいいかみんなで考えようということで、主治医に説明してもらいました。「ああ、そういうことだったのか！　釣りに連れて行っても、糸をちょっと垂らしたらすぐに上げてしまう。それじゃあ釣れん、と言ってもなかなかじっとしておれない。これも、ADHDのせいなんですね」とお父さんは普段の生活の様子と特性を重ね合わせて腑に落ちた様子でした。「じっとしておれないし、すぐにイライラするから、長い説教はだめだ。お前、タカシが帰ってきても何も言うな」とお父さんがお母さんへ言いました。いい感じです。「でも黙っていられない！」とお母さん。結局、前から行こうかと思っていた夜間のスーパーのアルバイトに行ったらいいのではないかということになりました。仕事に出ることについて、これまでは父が渋っていただけに、父の許可がおりお母さんは少し嬉しそうでした。お父さんは「今日は叱られると思ってきたのに、こんなにたくさんの人にしっかり話を聞いてもらえた。こんなのは初めてだ」と喜んでくれました。今まで叱られてばっかりだった学校とも距離が縮んだ感じがしました。

《決定事項》
　○母は夕食を作ってから仕事へ行く。簡単なメッセージは書き残してもよい。
　○父は夕食後にタカシ君に薬を飲ませる。
　○1か月やってみてモニタリングの会議を開く。

その後

　お母さんは、いつ帰ってくるともしれないタカシ君のために、毎日夕食を作ってから仕事へ出かけるようになりました。タカシ君は1週間に1回くらい帰ってきました。不思議と、お父さんと2人なら穏やかに過ごせ、薬を飲むこともできました。お母さんが帰宅する夜10

時過ぎには、タカシ君は部屋に入っているか遊びに出ており、衝突することはありませんでした。

モニタリング会議

　1か月後、モニタリングのための会議を開きました。ご両親そろって参加されました。状況は以下のようでした。
　①お母さんは夕食を作ってから仕事へ行くことができました。「今日はから揚げにしたよ」とか「冷蔵庫にアイスがあるよ」というメッセージをつけました。家に帰った日の翌朝は父が起こし、母の作った朝食を食べました。もちろん母は、いろいろ聞きたいことや話したいことがあったのですが、「おはよう」という声かけ程度で我慢しました。
　②興奮していなければお父さんの話がきけるタカシ君は、お父さんの促しによって薬を飲むことができました。
　③前回の確認会議のときに主治医の話を聞いて、お父さんのかかわりは適切になりました。学校でも同様に、先生方が対応に気をつけてくれました。
　ここでは、支援活動チームのメンバーには少々のトラブルには目をつぶってもらいました。登校が増えたことについて教頭先生からほめられると、ご両親はまんざらでもない顔でした。主治医からはお父さんが怒鳴らずによい対応をしていると言ってもらえました。タカシ君が帰ってきた日について、何かいつもと違うところはないかと詳しく聞いてみると、火曜日が多いということがわかりました。そういえば家庭教師の日だとお母さんが気づきました。家庭教師に来てもらっているという情報はまったくなかったので（先入観で聞きもらしていました）驚きでしたが、実は人懐こいタカシ君が、家庭教師をお兄さんのように慕っていて来てくれる日を楽しみにしているという、そのよ

うなつよみをもっていたということがもっと驚きでした。
　その後、火曜日を中心にタカシ君が帰宅する日が増えました。Ｂ家の母親はタカシ君を呼び戻しに来ましたが、お父さんが恫喝し、少し家具が壊れましたが追い返すことができました。それでもたまにはＢ家へ行ってしまうので困っていたところ、Ｂ家の母が傷害事件で逮捕され、行き来はなくなりました。服薬が再開されて落ち着きが増し、Ａクリニックへの通院が再開できました。通院の付き添いはお父さんがするようになりました。お父さんのほうから学校やＡクリニックに報告を入れることができるようになり、ご両親と関係機関の関係がよくなり、関係機関の職員がご両親にもっていたイメージがよいほうへと変わっていきました。

　母の気持ちを汲んで、題して「タカシ君を取り返そう大作戦！」などと名付けていた取り組みですが、Ｂ君の母の逮捕も状況に加勢してくれました。タカシ君の面倒をみ、両親にパワー発揮の機会をくれたＢ家の母にとっては不幸なことでしたが、システムがうまく回り始めるときにはこんなことが起きたりする……世のなかの不思議を感じます。また、関係機関と父母の関係性が変わり、よい循環が始まったので、今後のよい変化が期待できることは、もうお気づきと思います。

モニタリング会議の結果

「うまくいっていることをせよ」というSFBTの原則どおり、今の取り組みを続けることになりました。

《短期目標》
　①夕食、薬について現在のかかわりを続ける。
　②母との穏やかなかかわりを増やす。
《中長期的目標》

①家に帰ってくる。家でゆっくりくつろげる。
②中学卒業後すぐに父の仕事をつぐのか、進学するのか、タカシ君と両親で考えていく。

そのための具体的活動と役割分担は以下のようになりました。

《支援活動計画》
　Aクリニック（スタッフ、主治医）：スタッフがA君に声をかける。主治医がA君の話を聞く。
　家（母）：家庭教師の来る火曜日には、母は仕事を休んでおやつを出す。
　　（父）：通院に連れて行く。服薬を促す。
　学校（担任）：登校したら声をかける。役割を与えて褒める。進路指導をする。

　うまくいっていることは続け、やれそうなことから支援を追加してみることとなりました。すでに好循環は始まっていて、ここで支援活動チームによる支援は終了してもよい場合もあります。本ケースでは、念のため、2か月後にモニタリングすることに決めました。モニタリング会議で状況を報告しあうことが各担当者の励みになるということも、終了しない理由の1つです。誰かが自分の仕事を温かいまなざしで見ていてくれる、遂行具合を気にとめていてくれる、褒めたり励ましたりしてくれる、そのような場があることが臨床活動の力になるように思います。主訴が解消し、後は各機関が単独でやっていけるという状態になったら、支援活動チームを解散し、ケースマネジメントを終了します。
　「モニタリング会議」は、「アセスメント会議」で立てられた支援活動計画の実施状況や効果を確認し、協働のモチベーションを高め維持していくために実施します。本事例では関係機関療法の技術についてはあまり詳しく触れませんでしたが、支援活動のチームメンバーへの対応も、ケース展開の鍵に

なります。指揮者（コンダクター）がオーケストラのメンバーにいろんな合図を送るのと同じで、それによって奏でられる曲想が変わってきます。コンダクターは支援活動チームメンバーの1人ひとりと信頼関係を築くことが大切です。支援活動チームメンバーの活動を確認し、うまくいっていることは会議の場でみんなの前で大きく取り上げコンプリメントし、強調して続けてもらい、うまくいかなかったことは小さく見過ごすか肯定的にリフレイミングするなど、支援活動チームメンバーへのアプローチも欠かせません。

「モニタリング会議」の開催は、「アセスメント会議」のときにあらかじめ決めておきますが、支援活動中に家族や子どもに何らかの変化があったり、連絡調整の必要が生じたときは、いつでも開催します。「モニタリング会議」の開催は、支援活動チームメンバーから事務局へ要請することもありますし、各担当者から入る活動状況をみて、事務局が判断することもあります。状況に応じた迅速な対応が望まれます。

2 システムズ・アプローチの効能

関係機関療法（ケースマネジメント）には、事務局がコンダクターとなり支援活動チームメンバーを対象に行なうセラピー（会議）と、家族を含めたセラピー（会議）を行なう2つの構造があります。支援活動チームメンバーとして参加したことのある関係機関の職員さんたちが、口々に「楽しかった」「また次のケースも支援活動チームでやりたい」「癒やされた」と言ってくださるのは、システムズ・アプローチの「つよみの強調」のせいだと思われますし、顔の見える少人数の集まりで助け合い励ましあうグループの力が大きいと思います。手法以前のことですが、ただでさえ物悲しくなる疲れた夕方、もち寄られた飲み物とお菓子も関係機関療法の重要な構成要素だったと思います。

◎文　献

岡山県保健福祉部・精神保健福祉センター『思春期ケースマネジメント事業報告

書』2004 年

厚生労働省雇用均等・児童家庭局『児童相談所運営指針』（平成 25 年 12 月 27 日付雇児発 1227 第 6 号）2013 年

吉川悟「開業臨床におけるソリューションフォーカスアプローチ」『現代のエスプリ　家族療法の現在』87 - 98 頁、2005 年

私はこう読んだ
笹川宏樹

パートナーシップの重要性

　宮井さんと伏見さんは、事例のプロセスを追いながらアセスメントと介入について論じました。2人に共通する特徴は、当事者の参加を強く意識していることです。アセスメントや支援計画策定の場に、子ども本人や父母が当事者として参加することを求めています。従来の相談援助では、1人の専門家や複数の関係者が問題とその原因を特定し、当事者を指導する形態が多かったように思います。しかし、2人は「子ども本人や親のニーズを丁寧に聞き、そのニーズにもとづいた具体的な目標を当事者とともに設定し、当事者が主体となって援助者と共に歩むこと」というパートナーシップの大切さを強調しています。当事者に単に付き添うだけではなく、援助者が「共に歩む」ためには、その場その時の判断がとても重要になります。当事者の何気ない一言が何を意味しているのか、ちょっとした仕草が何をあらわしているかを瞬時に判断（＝アセスメント）して、相手に返さなければなりません。つまり、当事者の発言や行為に対してうなずくだけでよいのか、言い換える必要があるのか、それとも疑問をぶつけなければならないのか等の即時の判断・介入が解決への道筋となります。このようなアセスメントと介入が一体化したアプローチを行なうためには、どんな条件が揃わなければならないかを2人に整理していただきたかったという思いが残ります。それとも条件などはなく、どのようなケースであっても適用可能なのでしょうか。

　取り上げられた事例に対する2人のアプローチを見ると、やはり大枠としての条件が必要なのだと思いました。1つは当事者の条件です。両親は子どもの行動に困っており、その解決を望んで夫婦そろって相談に来られていることです。当たり前のようですが、子どもが何をしようと我関せずの親御さんもいらっしゃいます。そして、もう一方の当事者である子ども本人も相談面接の場に登場しています。

　2つめは援助者の条件です。宮井さんと伏見さんは「当事者が主人公

であり責任者である」という思いをもって、ケースに向かい合っています。実践的には基本的な面接はもちろんのこと、家族療法や解決志向アプローチを使いこなすスキルを援助者が有していることです。さらには家族や多くの関係者が集まった会議を仕切る力量も必要です。

　3つめは会議開催に向けての条件です。家族や関係者が一堂に集まると、マイナスの要素が一気に吹き出して収拾がつかなくなる場合があります。また大勢の関係者が集まると、現実的でない正論がまかり通ることもしばしばあります。当事者を交えた会議を成功させるためには、会議開催までの地道な取り組みが必要です。当日までのさまざまな下準備と、会議に参加される方々への配慮や調整は必要不可欠な条件だと思います。

　以上のような疑問と私なりの考えを示しました。それらが妥当なものなのか、それとも的はずれな質問・意見なのか、いずれかの機会に2人にじっくり訊ねてみたいと思います。

私はこう読んだ　菅野道英　　読み取ってほしい絶妙な運び方

「このメンバーの共著による本だなあ」と思わせる章です。アセスメントをタイトルに掲げながら、アセスメントを共有するということによって関係性を変化させていく……。「アセスメントなんてね、治療のネタなんだよ」と投げかけてくるあたりは、絶妙な「はずし」と言えるでしょう。

　宮井さんは、虐待相談における支援関係をメタポジション（俯瞰的、上位システムの観点）から眺め、スーパービジョンや関係者会議（カンファレンス）、家族参加の応援会議（ファミリー・グループ・カンファレンス）の進行にまで言及しています。

　伏見さんは、家族療法ならぬ関係機関療法として、家族の上位システムである支援構造そのものをターゲットに、関係性の構築や改善を進め

ていきました。

　共通のツールとして「ニーズ調査票」を用いるのが特徴です。この共通のツールが両方の要というか、協働感をもたせることを手助けしています。誰でもいいから共通のツールを使って情報を持ち込んで共有する……。いい仕掛けです。

　2人は事例の記述に多くの文字を費やし、支援の進展を示しています。アセスメントは支援のスタートラインの確認であり、目標の共有のためのツールであり、評価・分類のためのものではないということは伝わってくるのですが、今ひとつ物足りなさを感じます。支援のコツの本ではないので遠慮があるのかもしれませんが、宮井さんや伏見さんの「舵取り」「コンプリメント」「リフレイミング」などの良好なセッションの運び方についての妙を、読み取れる記述になっているでしょうか？

　誰がやってもうまくいくようにさらっと流されているのですが、実はベテランの絶妙な運びがそこにはあることを、読者のみなさんには見て取ってほしいと思います。

　いくつかのポイント（コツ）について箇条書きにします。参考にしてください。

- テーマを定めて様式を作っておくとブレず、効果的な支援が可能である。
- 解決や少しマシな状況をイメージすることで、解決への具体的道筋が考えられるよう導く。
- 希望やつよみを上手に扱う、ポジティブな評価を行なうなどしてエンパワメントし、モチベーションを維持できるように配慮する。
- アセスメントを共有し、家族や関係機関の考えを引き出し、合意できる見立てやゴール、支援計画を作り、実行し、検証する……。この繰り返しが、解決に向けた対処法を体験し身につけてもらう支援となる。

第4部

どんな視点を介在させて物語るか

　それぞれの事例に援助者がかかわろうとするとき、そこに生じるアセスメントの内容には援助者の視点が色濃く反映されます。対象を理解しようとして、援助者と対象者との間に何を「介在」させてそれを行なうか、その選択のためにアセスメントはもうすでに動き出しています。どこで何によってつながれるかを探っているわけです。
　「物語る」とよく言われますが、社会構成主義によると、世の中の事象はすべて「物語られたもの」です。ナラティヴセラピーのセラピストでなくとも、ある物語を対象者との間に介在させてアプローチしているとするならば、その物語はそのときの単なる偶然の産物ではなく、対象者の「当事者的真実」とセラピストのそれ（一番ピッタリする見立て）とを重ね合わせる作業の成果なのでしょう。

7 家族相互作用の見立てと介入のコラボレーション

衣斐哲臣

1 臨床における着眼点

あるなしクイズ

ときどき私が講演などの導入ネタとして使っていた「あるなしクイズ」から始めます。図表7-1をご覧ください。
「家庭内暴力にはあるが非行にはない」「虐待にはあるがトラウマにはない」「いじめにはあるが不登校にはない」「癒やしにはあるがリラックスにはない」……「愛着関係にはあるが愛着障害にはない」などと比較して、それぞれ左右の対の現象や言葉に潜む一定のあるなしの法則を見つけてください。

このクイズに、30人に1人ぐらいのかたが勘よく答えられます。正解のかたには、虐待防止キャンペーンのボールペンを謹呈したりします。

正解は、「相互作用」ないしは「関係性」を含む表現かどうかです。つまり、「家庭内暴力」には「暴力する」側と「暴力される」側が想定されます

図表7-1　あるなしクイズ

ある	ない
家庭内暴力	非行
虐待	トラウマ
いじめ	不登校
癒し	リラックス
反抗	学習障害（LD）
言うことを聞かない	落ち着きがない
無視	無責任
愛着関係	愛着障害

が、「非行」は「非行する」側と「非行される」側という言い方はしません。「虐待」には「虐待する」と「虐待される」、つまり加害-被害という相互作用ないしは関係性が含まれます。しかし、「トラウマ」という用語には直接の関係性は含まれません。同様に「いじめ」にも「いじめる」「いじめられる」という相互性がありますが、「不登校」という用語自体には相互性が見出せません。「愛着関係」は文字通り関係ですが、「愛着障害」という言い方そのものはかかわりとか相互作用を含みません。

　単なる言葉遊びでもありますが、実はここには臨床における着眼点としてとても重要な要素が含まれていると思っています。つまり、対人援助者が相手の話を聞く際に、その話に示されている、あるいは話としては明らかでなくても背景に存在する相互作用とか関係性を常に意識しながら聞こうとする見方です。そこに着眼しながら相手の状況を理解しようとすることで、次に何をすればよいのかという介入の手がかりも見えてきます。これすなわち、アセスメントの始まりです。

相互作用として聞く

　私の以前の職場である児童相談所にもち込まれる子どもに関する相談内容あるいは主訴はさまざまですし、話し手はそれぞれの思いや感情をこめて、その人なりのストーリーで話します。話のなかには、**図表7-1**の右側に並べた相互作用を含んだ言語や表現、あるいは左列の直接関係性を含まない言葉や表現が混在するはずです。話し手がそれを区別し、時間の経過や流れに沿って順序立てて話すわけではありません。精神的に余裕がない場合には、話自体が混乱したり辻褄が合わなかったりします。感情的になっていれば論理性も後退します。一方的になったり自己中心的な色合いが強くなったりもします。一生懸命話されていても全体像がなかなか理解しにくいこともあります。

　カウンセリングの基本的技法としては、「傾聴」とか「共感的理解」がよく言われます。相手の言うことに真摯に耳を傾け、相手の気持ちに立って理解するということです。これは大原則です。ここでは、そのうえに有用な技

法として「相互作用として聞く」ことをあげます。

2　家族相互作用のアセスメント

円環的な聞き方

　私が依って立つシステムズ・アプローチないしはシステム論的家族療法の視点では、相談内容や主訴を傾聴しながら、問題や困難が生じている人間関係に注目し、子どもとその子どもを取り巻く家族や関係者の間で行なわれている具体的な相互作用を扱います。相互作用とはコミュニケーション上のやりとりのことであり、お互いになんらかの影響を及ぼし合うプロセスです。そこで起きている事象をその人たちの関係性および相互作用のなかで理解しようとします。つまり、どんなコミュニケーションが行なわれているかという相互作用のありようをアセスメントします。

　先に述べたように、相談に来られる人は、その人の主観や感情を込めて話すのが通常です。そのため、聞く側は、語る側の思いや感情を汲み取りながら、そこで起きている事象を、「いま、この人もしくはその子どもを巡ってどんなことが起きているのだろうか？」という相互作用の視点で聞いていきます。

　たとえば、小学生の息子の不登校のことで相談に来た母が、次のように訴えました。

　「…子どもが不登校なんです。最初は朝起きてきて元気がないので聞くと、頭が痛いって言うんです。それでその日は大事を取って学校を休ませたんです。その後も頭痛が続くので病院へ連れて行くと、起立性調節障害であると言われました。でも昼頃になると食欲もありゲームで遊んでいます。不登校は無理に行かせない方がいいんでしょうか？」

　この話のなかにもすでに母子のやりとりや母なりのコミュニケーションが見え隠れしていますが、この家族のなかでどのようなことが起こっているのか、母子だけに限らず家族のコミュニケーションに焦点を当てながら、もう

少し詳細に聞いていきます。

〈頭痛はどんなふうに訴えますか？……お母さんはそれに対してどんなふうに言いますか？……するとお子さんはどうしますか？……それからお母さんはどうしますか？……学校を休むというのはどうやって誰が決めるのですか？……するとお子さんはどうするんですか？……それから？……そのときお父さんは何をされていますか？……ご兄弟はどうされていますか？……〉など、聞いてみたいものです。

一連のコミュニケーションが誰によってどんな関係性のなかでどんな影響を及ぼし合いながら行なわれているかを、時間の流れに沿って連続的に理解するためです。もちろん、根掘り葉掘りの質問攻めにならないようにしますが、聞かないとわかりませんし、聞かれないと話されないことが多いものです。

なお、これは原因－結果を探るために聞く質問ではなく、どんなコミュニケーションがどんな流れで展開されているのかをアセスメントするための質問です。直線的に聞くというより、円環的に聞いていく手法です。やがて、循環的に繰り返されている問題のパターンが見えてきたりします。コミュニケーションのあり方をアセスメントすることで、介入の手立ても見えてきます。

家族相互作用のアセスメントおよび介入のイメージ

次に、虐待ケースを例にして、コミュニケーションのあり方をアセスメントする具体的なイメージを提示します。虐待に限らず問題とみなされた状況下では、不適切なコミュニケーションが行なわれているものです。さらに問題が持続している場合は、パターン化したコミュニケーションになりがちです。

虐待など問題のあるケースといえども、毎日24時間常に虐待が起きているわけではありません。不適切な養育や対応が行なわれている状況を見逃すことはできませんが、問題のない親子コミュニケーションも把握したいところです。そこで、まずは「虐待あり」の親子関係をアセスメントする必要が

あります。そして、「虐待なし」の親子関係の可能性を探り、それが持続できるよう支援していく必要があります。そのための援助・介入です（**図表7－2**）。

　具体的な母子の相互作用例を示します。公共の遊び場の面です。母親は帰ろうと言っていますが、子どもはもっと遊びたくて「いや！」と抵抗しています。母親はやらなければならない家事もあるでしょう、もしかしたら夫や姑の小言が気になってやきもきしていたかもしれません。下の子どもの夜泣きがひどくて睡眠不足が重なっていたかもしれません。いろいろな事情があって、精神的にゆとりがなかったかもしれません。言うことを聞かない子どもに腹を立てて叩いてしまいました。こんなことが繰り返されています。

　そんな背景事情も配慮しながら、「叩くこと」の前後で何が起きているかを聞いていきアセスメントします。それを円環的に示すと、**図表7－3**のようなかかわりの連鎖が描けました。こんなことが起きているという相互作用の１つの見立てです。

　この見立てから、介入手立てもセットで考えます。家族療法では、具体的な指示や課題を出して家族に不適切なコミュニケーション連鎖を変えてもらうようにします。その際、２通りの介入の仕方が考えられます。問題のコミュニケーションの一部に介入し連鎖を変える場合（**図表7－4**）と、問題のないコミュニケーションを引き出す場合（**図表7－5**）です。

　図表7－4は、A→B→C→Dという虐待のコミュニケーションパターンが繰り返されているところへ、いつもとはちょっと異なるかかわりかたを行なうことで、A→B→C→Dという虐待のないコミュニケーションに変えることができるイメージ図です。

　具体的には、母親の声かけに子どもは「いや！」と言った後、不適切パターンでは母親は直ちに「ダメ、来なさい！」と命令調になります。しかし、異なる介入例では、子どもの「いや！」に直線的に反応せず、「じゃあ、ケンケンできるかな？」と子どもの興味を引き別の遊びにもっていきます。子どもはすぐに乗り、母親も「じゃあ、ママと競争だよ」と遊びに乗ります。これだけでコミュニケーションは変わり、イライラして叩いてしまう

図表7-2 「虐待のある関係」からの脱却の支援

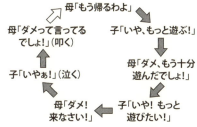

図表7-3 「虐待のある関係」の母子相互作用
（例：子どもがもっと遊びたいと思っている）

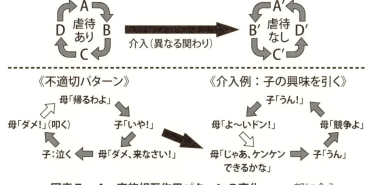

図表7-4 家族相互作用パターンの変化——一部に介入

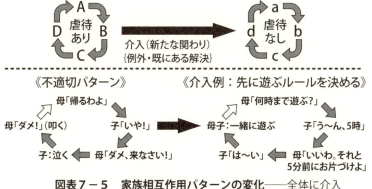

図表7-5 家族相互作用パターンの変化——全体に介入

行動とは別のコミュニケーションが生まれます。

　図表7－5は、不適切パターンとは異なる新たな不適切でない交流を創造するイメージです。つまり、A→B→C→Dのパターンを、別のa→b→c→dの家族交流になるように援助します。具体的には介入例のように、いつも帰し、帰らないでもめるのであれば、事前に母子間でルールを決めておきます。

　〈…ママのお話し聞いてね。○○ちゃんもママも、ここで楽しく遊びたいよね。そのために最初にお約束を決めたいの。いい？　○○ちゃんとここで遊んだ後、おうちに帰ってママはみんなの夕ごはんを作らないといけないから、帰る時間を決めておきたいの。○○ちゃん、あの時計で何時まで遊ぶか決めるよ〉と話します。子どもは「5時」と言い、母親は「いいわ、それと5分前のお片付けよ」と約束を付け加えて一緒に遊びました。

　新しい家族交流を作るというのはこんな感じです。できるだけ具体的な行動でシンプルに考えたいものです。それを実行し真の変化につなげることは必ずしも単純ではないかもしれませんが、介入の前提となるアセスメントはあまりむずかしく複雑に考えず、まずは問題を巡るコミュニケーション連鎖の図を描く習慣をつけたいものです。

　その他、**図表7－5**のa→b→c→dの別のかかわりに変える介入の仕方としては、新たに交流を作るという発想ではなく、日常生活で問題なくできているかかわりに焦点を合わせて聞いていく方法があります。「例外」とか「既にある解決」という言い方もしますが、問題の起こっていないときの家族コミュニケーションのあり方について聞きます。問題を聞くよりも解決を聞き解決を構築していくという発想であり、これも大事なアセスメントであると同時に効果的な介入となります。

　いずれも悪循環となっている相互作用を断ち切り、問題のないやりとりに変えていく介入です。背景事情や原因を直接的に扱わなければ改善が見込めないわけではありません。原因を追及して取り除くなり変えるなりしないとダメだという直線的、科学的認識への指向性が強ければ強いほど、このような変化だけでは物足りなさを感じるかもしれません。しかし、これは何を扱

うかという援助者の指向性の違いであって、問題を抱え困っている人やクライエントには必ずしも重要なことではありません。むしろ、何を求めどうなりたいかというクライエント側の指向性を大事にしながら、支援のあり方を柔軟に考えたいところです。今のところ、私自身はクライエント側のコミュニケーションのあり方をアセスメントし、それにもとづき介入するアプローチにもっとも馴染みを感じています。

3 面接室で見られる家族相互作用——非行事例のアセスメントと介入の実際

　問題を巡って起きている日頃の事象を聞き出しアセスメントするほかに、たとえば来所した面接室において「いま、ここ」で示される家族のコミュニケーションパターンを観察しアセスメントすることも有効です。そんな事例を紹介します。

事例の概要とアセスメント

　6月末、中学3年生のA子が両親とともに児童相談所に来所しました。A子は怠学、異性交遊、深夜徘徊を繰り返しています。家族は、父、母、弟、A子の4人住まいです。

　面接室に入った3人は、横並びに静かに座りお互い目も合わせません。A子は金髪で制服のスカートを極端に短くしていました。父は無口で、主に母が感情を抑えた口調で語りました。最初、ジョイニングをしながら面接を開始し、3人の様子を観察した後、両親とA子を分離して話を聞きました。

　子育ては、母が中心に過干渉気味に行ない体罰もあったとのこと。中1までは習い事にも通い問題はありませんでした。しかし、中2の初め頃から学習の遅れが目立ちはじめ、秋頃から髪を染め化粧に興味をもち始めました。中3になり仲間と遊び、深夜に帰宅することもしばしば。怠学が増え、昼間寝て夜間遊びに出かけ外泊することも増えました。成人男性とのつきあいもあるようです。親が注意しても聞かず、母が外出を止めると「それなら家出する」と親を躊躇させるようなことを言います。門限を夜7時から8時にし

ましたが守れていません。自分にとって都合がわるい話になると口汚く反抗し、父に対しては話しかけられるだけで「うるさい！黙れ！死ね！」と言い放つとのことでした。

　Ａ子は、児童心理司の問いかけに「わからん」「ふつー」「べつに」「びみょー」などの言葉で反応することが多く、無表情で自己表現の乏しい子でした。

　両親は、夜間外出をやめさせたいと言います。一方、Ａ子は「夜遊びは続ける、２学期から登校する、進路はわからない」など、問題意識の乏しい素っ気ない言い方をします。親は困り、それ以上言えなくなります。親のコントロールが効かず、親子間で問題を巡る悪循環が起きている様子がうかがえました。

　そこで、Ａ子の問題行動と親の意向を聞いてルールを設定し、今のような生活が続けば児童相談所の一時保護所に入所し生活を立て直すことを勧めました。親子は、このルール設定を意外なほどすぐに納得しました。しかし、Ａ子の行動は治まりませんでした。

　２週間後に来所した親子に、ルールの実行を提案します。そのときのやりとりです。親は一時保護を望んでいます。Ａ子は頑強に拒否です。そうなると両親は決断を鈍らせ躊躇します。

　「いやって言っても、ちゃんとできないでしょ」と母。横で無言で見ている父。

　「……ちゃんとする、入らない！」とさらに拒否するＡ子。

　「約束は守れるの？　これから、ほんとにちゃんとできるの？」。押し問答のあげくに、母が言います。父も黙って母に従っています。

　「わからん」と母の確認に対し、Ａ子は曖昧に答えます。

　「わからんって、自分のことでしょ」と追及する母。

　「だって、わからんもんは、わからんもん」とかみ合わないＡ子。

　しばらく、そんな平行線の会話が続きます。やがて、母が半分怒って言い出します。

　「……しょうがない子ねぇ、もういい！好きにしなさい！……」

父もそれ以上の発言はなく無言で容認します。A子はなんとなく許されてほっとしています。

以上のような会話が展開されました。図示すると**図表7－6**のようになります。

全体的に見れば、この家族がそれほど問題のある家族とは思えません。子どもに愛情をもってそれなりにうまく過ごしてきた家族だと思いますし、今ほど深刻な問題にはならなくても、似たようなやりとりが家族のなかで繰り返されつつやり過ごされてきたものと思われます。しかし、この家族のようにどこか誰かに不全感の残るコミュニケーションが繰り返されていたとすると、いずれ歪みを増幅させて噴出してくるものです。逆に、家族成員が不全感なく肯定的なコミュニケーションを交わせていると、たとえ問題が起こったとしてもそれに向けた対応がスムーズに行なわれやすいものです。

それにしても、何とかしようと一生懸命取り組んでも成果なく、問題が持続し悪循環に陥るパターンは家族にとっても厄介なものです。渦中にあって変えようと思ってもなかなか思うようにならないのも現実でしょう。そんな問題システムに対し、援助者が第三者として入ることによって一石を投じることができます。投じ方の第一歩が、問題を巡って起きているコミュニケー

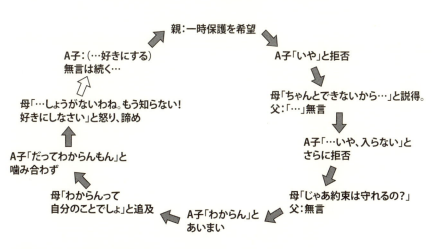

図表7－6　親子の相互作用——悪循環の例「一時保護をめぐって」

ションのあり方をアセスメントすることです。それが**図表7－6**のようなコミュニケーションパターンの見立てです。

介入：相互作用に働きかける

　そのアセスメントにもとづいて介入および働きかけが行なわれます。事例のやりとりに戻って考えてみます。おそらく、いくつか指摘したい場面があったと思います。オーソドックスには、そんなところが突っ込みどころ、つまり介入場面です。

　たとえば、母が「約束は守れるの？ちゃんとできるの？」と聞くのは、明らかに母自身の葛藤回避です。つまり、対立的なせめぎ合いとかどっちつかずとかの状況に母が耐えられず、その場を逃れようとします。「ちゃんとする」と言っている子どもに、「本当にできるの？」と聞くことは、ある意味子どもを信用した素直な優しい応答ですが、話の文脈からいえば無変化を許容するパターン、すなわちこれまでと同じコミュニケーションパターンに留まるものになります。ここは、そのパターンに流れないようにぐっと我慢することや「いま、ここで」の文脈に移行する努力が必要になります。「しょうがない子ねぇ、……好きにしなさい！」という最後の母の言葉も同様です。怒りにかまけた放任的な言動は、新たな変化への努力を放棄するものでしかありません。したがって、そこに介入するとすれば、母親に葛藤回避をさせないようにします。

　実際の場面もまさに、このまま親子のやりとりに任せれば変化の起きない悪循環パターンに留まる流れでした。そこで担当が介入しました。両親とA子の3人一緒の場面での介入です。A子に向かって言います。

　〈あなたが一時保護を嫌がる気持ちは当然だと思うよ。そして、あなたが嫌がっていることを親もさせたいはずがないよね。それでもいまの状態で、子どもが嫌がっているからという理由だけで放っておく親というのもどうかと思うよね。お父さん、お母さんってそれほどいいかげんな親でもないはずよね。そして、ちゃんとした理由さえあれば聞いてくれる親だと思う。

　もしかして、以前のお母さんのしつけの仕方を知っているあなたからすれ

ば、いまのように学校をサボったり夜遊びしたり反抗したりして気ままなことができているなんて、信じられないことなんじゃないかな？　いや！とかうるさい！とか言えば通るなんて不思議だよね〉

このような話に反論するような子ではありません。黙って聞いています。〈……で、前回、約束したルール守れなかったよね。にもかかわらず、そこまであなたが一時保護を拒否する理由があるのなら、お母さんたちが納得できるようにちゃんと説得してみてほしい〉

さらに、両親に向かって言いました。

〈……で、お父さん、お母さんも、本人の思いや理由をじっくり聞いてあげて本当に納得できるようであれば、再度猶予を与えることも考えてみませんか。私らはいったん席を外しますのでよく聞いてあげてください。15分後に来ます〉と家族3人で話し合う時間を設定し、担当者は部屋を出ました。

15分後に入室しました。〈どうでしたか？〉と聞くと、今度は母がきっぱりと言いました。

「この子は、遠くの友だちが来るからとか……遊びたい……としか言いませんでした。やはり、そんなことでは納得できませんので、一時保護をお願いしたいです」

〈そうですか。じゃあ、仕方がないね。行こうか〉と、担当者が促しの言葉をかけ立ち上がると、A子は無言のまましくしくと泣きはじめました。担当者はそのまま黙って待ちます。両親も何も言わず沈黙の時間が過ぎました。これまでであれば、この葛藤状況に母が何らかの声かけやアクションを起こすなど葛藤回避の言動をしていたところでしょう。しかし、ここでは両親とも沈黙を守りました。やがて、間をおいた何度目かの促しに対して、A子は自分から立ち上がり、何も言わず担当者の誘導にしたがって一時保護所へ向かいました。両親は、沈痛な面もちで「お願いします」と頭を下げ、A子の後ろ姿を見送りました。担当者は、両親の我慢と決断を〈がんばりましたね〉と率直に評価しました。

新たな相互作用を定着させるかかわり

　その後、一時保護中の行動観察および家庭の監護力の弱さ等から児童自立支援施設への入所も検討されました。しかし、親が在宅を希望したため、その希望と頑張りを利用する流れで、一時保護中に両親を呼んで家族交流の創造および親教育のセッションをもちました。父とは、親の権限の発揮方法について話し合いました。家族内で一定の行動の歯止めとなるルールも設定しました。たとえば、多少の服装違反は大目に見るが、門限の夜8時を超えた場合には両親で本人のいそうなところを探し出して必ず連れ帰ることとか、逸脱行動の度が過ぎれば施設への入所を親子ともに覚悟すること、などでした。

　帰宅後、両親はルールを実践しました。門限を過ぎても帰らないＡ子を探し回った父が、夜の公園に仲間といるＡ子を見つけ、強引に車に乗せて連れ帰ることがありました。また、Ａ子を誘い出した男の家に両親で行き、男に罵倒されながらも結果的に縁を切らせました。Ａ子も門限ギリギリに走って帰ってくるなど、ルールを守る姿勢を見せました。家では、父子が同じ部屋でテレビをみたり、母子の押し問答が減り手伝いもしたりするようになりました。面接場面では父の発言が増え、父のさほど面白くないジョークにＡ子が笑う姿も見られました。中学卒業までフォローアップ。高校進学を果たしました。

　本事例でわかるように、アセスメントした家族相互作用の変化を経過のなかで見ることができます。家族機能の変化や家族成員の成長を見立て、治療や指導の継続および終結の決定をしていくことにつながります。この家族の場合は、蚊帳の外にいた父が有言実行の行動によりＡ子に規制をかけ存在感が発揮できてきました。母も折れたり投げ出したりせずに子どもとかかわり、親子の交流が増えました。それでも、子どもも意外と居心地がよかった様子です。何かが大きく変わったというよりも、日常のなかで滞っていた家族コミュニケーションがスムーズに流れ出している様子がうかがえました。

4 臨床的に有用なアセスメントツール

　臨床の目標は、ケースをアセスメントし、介入し、望ましい変化を生じさせることです。その見立てとなるアセスメントのために、問題を巡ってやりとりされている家族相互作用をアセスメントし、それにもとづきよりよい家族交流に展開していくアプローチの仕方および実践事例について紹介しました。その他のアセスメントツールも紹介したいと思います。ここでいうツールとは、心理検査や評価尺度、理論や技法など既成のもののほかに、オリジナルな考え方や枠組みなど臨床的有用性のあるものを含みます。

メタポジションと心理検査

　心理臨床においてアセスメントというと、知能検査や性格検査など標準化された心理検査を実施し、その結果や特徴をもとに相手を理解しようとする「心理査定」がもっともポピュラーでしょう。私の臨床スタートが病院心理臨床であり、診断の補助手段や治療プランのために心理検査を実施して所見を書いてきました。知的能力や人格特徴など個人の内面や力動を探り明らかにする作業をしてきました。どちらかというと病理性や弱さなど人格的なマイナス特徴を照らし出す作業になりがちでした。それが実際にどれだけその人の役に立っていたかについては残念ながら疑問ありです。心理査定に時間は費やすものの実際の援助および治療的やりとりには活かせていないと感じることが多くありました（これは私個人の振り返り体験であり、心理査定そのものを価値下げするものではありません）。

　また、以前の病院勤務時に出会ったある精神科医は、血液検査や尿検査、レントゲン検査と同じように心理検査を扱いました。たとえば、WAIS知能検査でIQ＝78、Y－G検査でE型、CMI健康調査でⅣ領域など、数値や類型の結果を診断や治療のためのデータとして用いました。一方、検査者の主観的解釈が入り込みやすいロールシャッハテストなどの投影法は、あまりオーダーされませんでした。

血液検査や尿検査の結果を見る際に、それを実施した臨床検査技師の個性やひととなりが無関係であるのと同様に、心理検査を行なった者が誰なのかは問われません。この単なるテスト屋のような扱いは臨床家としては正直おもしろみがなく、その医師と話した際に「私はデータがあればよい」と言われ、私自身の存在が否定されたように感じたことを覚えています。

　そんな体験が反面教師にもなり、いまにつながる臨床観が生まれました。つまり、対人援助職である限り、たとえ心理検査の結果が科学的データであったとしても、それを活かすのはクライエントとの治療的コミュニケーション関係においてであるということでした。システムズ・アプローチの認識は、まさに人間関係を見立てるなかで心理検査の結果を扱うことができるし、そうすることで相手の状況にフィットさせたかかわり方や伝え方ができることに気づかせてくれました。それは、どのように心理検査およびその結果を活かすとその人の役に立つのだろうかと考えるポジションを与えてくれたわけです。この一歩俯瞰できる立場がメタポジションです。そして、メタポジションに立つことで、テスターもしくは援助者である私自身を含めた状況や関係性のなかで、介在物（ここでは心理検査）を活用するという"介在"視点も手に入れることができました。つまり、心理検査を介在させて、相手を理解し対人援助につなげるという考え方と実践です。

メタファとしての雑談

　以前、私が行なったあるケースの面接場面に、新任の児童福祉司が同席しました。OJT（On the job training）研修を兼ねて、面接に臨席し記録を担当してもらいました。面接の主導権は私がとって進めますが、好きなときに自由に発言してよいという設定でした。緊張もあってか、彼女は50分間の面接中とくに口を挟むことなく、しかし笑顔とうなずきでうまく溶け込んでいました。

　面接を終えた後、彼女が書いた面接記録をチェックしました。比較的細かいところまで記述され面接の様子がよくわかるものでした。そして、最後に「以上のようにほとんど雑談で終始した」と締められていました。思わず、

「あれはほとんど雑談だったのかい!?」と突っ込みを入れ吹き出してしまいました。

新任の彼女は、「でも、あの子は非行の相談で来てたんですよね。なのに、問題行動である万引きのことやどうやったら止めることができるかという話って、ほとんど何もしてませんでしたよね」と真面目に率直な疑問を投げ返しました。

たしかにそうです。問題行動の話はせず、家で母親と料理を作って家族みんなで食べて、それを父親は「おいしい」と言ってくれた。その料理は誰が献立を考えて、食材を誰が買ってきて、誰に教えてもらって作ったのか。他の家族の評価はどうだったのか。他にも得意料理があるのか、それをどうやって身につけたのか……など、そんな話ばかりしていました。来所した子どもと母親は、そんな話に何の疑問も不満もなく楽しそうに話をして次回を予約して帰りました。たしかに、雑談といえば雑談です。

しかし、私としては上述した関係性のアセスメントおよびかかわりであり、万引きに伴うやりとりよりも好ましいと思えるコミュニケーションをコンプリメント（称賛）し強化する意図を含んだ会話でした。もし、この会話に母子が乗らず不満があるようならば、援助者側の独り善がりを押しつけるわけではないので別の会話にしていたでしょう。何気ない雑談に見える会話であっても、問題志向の話よりも関係のなかで話されればそこにポジティブなかかわりが生まれているはずです。つまり、会話の内容よりも、そこに含まれる関係性や文脈を重視しています。これが、メタファとしての雑談の利用です。

メタファとは、比喩のうち隠喩と言われ、「〜のようだ」というより「〜である」表現が使われます。「子どもは私の命です」「君は僕の天使だ」「臨床は学びの旅である」などは、状況や文脈次第で文字通りの意味よりも深い意味をもつ表現となることに解説はいらないでしょう。臨床で用いる場合にも、直接的な指示や命令よりも間接的であり無意識レベルへの働きかけとなるため、抵抗が少なく受け入れられやすく影響浸透性が高いものです。何気ない雑談や会話表現のなかにメタファとしての意味を込めたりアセスメント

したりすることは、かなり日常的に多用しています。

羅生門的現実：社会構成主義の視点

　黒澤明監督の映画「羅生門」（原作、芥川龍之介「藪の中」）からとった「羅生門的現実」という用語は、現実は決して1つの客観的事実ではなく、同じ事象であっても人の見方によって複数の異なる現実が成り立つものだということを示す言葉です。真実は1つではない、現実は社会的に構成されたものであるという社会構成主義の視点です。臨床においてクライエントがもち込むストーリーは、当初その人にとっていわゆる苦悩のドミナント（優勢な）ストーリーであっても、治療的会話のなかでオールタナティヴ（代わりの）ストーリーとなり苦悩ではなくなります。これも現実の構成の仕方によって変わるという認識であり、いわゆるナラティヴセラピーにおける展開です。

　アセスメントにおいても、心理検査によって出てくる数値やデータは1つでも解釈や表現の仕方によってその意味や認識は大きく変わります。たとえ科学的データとか客観的事実であっても同様で、それを楽観的に見るか悲観的にとらえるかでその意味合いは異なったりします。上述のメタポジションから心理検査を活用することに通じる視点です。

裁判員裁判の証人体験

　この羅生門的現実の認識が当たり前にまかり通っている現場を経験したので触れておきたいと思います。ある刑事事件の裁判員裁判の証人体験でした。児童相談所職員として証人に立つことが公務員倫理に触れないことはクリアしましたが、私個人の証言が裁判に及ぼす影響を考えると重圧でもありました。私は、弁護側証人であったため、弁護士と入念な打ち合わせをして、尋問シナリオを作成し繰り返し練習したうえで裁判に臨みました。それにしても、裁判所の法廷場面はとても緊張する特殊な状況であり、証言台はまさに非日常で異質な場でした。

　2009年に始まった裁判員制度は「無実の人を処罰しない」という刑事裁判の原則のもと、法律の専門家ばかりではなく複数人の市民が裁判員として

参加し、いわゆる一般人としての常識を判決に反映させようとするものです。市民から選ばれた6名の裁判員と3名の裁判官が、検察側と弁護側双方のストーリーを聞き、被告人が有罪か無罪か、有罪の場合には科す刑罰の種類と重さを決めていく仕組みです。この裁判の流れのなかで証人尋問が行なわれます。

　事件は、筆者が以前にかかわった児童Bが成人になって起こした事件で、Bは被告の立場でした。犯行がBによるものであることは明らかであったため、裁判は被疑事実を争うものではなくBが有罪か無罪か、有罪なら量刑はどのくらいかを決めるものでした。

　公判では、検察官が事件の証拠を開示し起訴状を朗読した後、検察官と弁護人双方が冒頭陳述を行ないます。それぞれの立場から事件のストーリーを裁判員に対して説明します。検察側のストーリーは、起こった犯罪を合理的に説明できる証拠を示して明らかにするものです。一方、弁護側のストーリーは、被告人の行為に対して不当な立証がされたり行き過ぎた刑罰が科せられたりしないように、被告人に有利となる意見を述べて被告人を弁護するものです。私も証人の1人として、検察官、弁護士、裁判官それぞれの質問に受け答えしました。

　検察官の論告の後、懲役○年という求刑がなされます。それに対し、弁護人の弁論が行なわれます。弁護側の主張は執行猶予でした。その後、被告人が最終陳述で自分自身の思いを語り、公判審理は終了です。その後は審理事実をもとに裁判員と裁判官が1日かけて評議・評決を行ない、最終日に裁判官により判決の宣告がなされます。これが白黒をつけるための裁判の流れです。

　この事件の裁判結果とその後の経緯はさておき、本稿のアセスメント論につなげます。裁判の仕組みと枠組みは、明確に構造化され、最初から検察側と弁護側の2つのストーリーを用意するように求めています。それを裁判員たちが聞き判断するという分業システムになっています。できるだけ現実に起きたことを忠実に立証する検察側の論告と、それをできるだけ被告側の不利益にならないようにする弁護側の弁論とは、最初から対立、反証、競合す

る枠組みです。この枠組みこそ、同じ事件に２つの両極の立証がありうるという「羅生門的現実」を前提とした構造です。その中身は、最高峰のインテリジェンスをもった人たちが用意するものだけにそれぞれのストーリーはとても緻密かつ吟味されたものです。しかし、枠組みそのものはとてもシンプルです。誤解を恐れずに言えば、裁判は１つの客観的事実を明らかにする場ではなく、「ものは言いよう」「ものの見方はいろいろ」であることを許容する場です。証人は偽りを言わず良心にしたがって真実を述べる宣誓をしますが、偽証でさえなければ証言後に責めを負うことはありません。そして、それぞれの言い分を判断するのはあくまでも裁判員たちであり、判決に対し不服があれば控訴することができます。この仕組みも、議論や論争をいつまでも続けさせたりエスカレートさせたりしないために役立ちます。特殊な構造であるだけに、法廷の場が非日常で異質で緊張に満ちた場であるのも頷けます。

　裁判員裁判制度が導入されてからは、難解な理論、理屈、用語よりも裁判員の常識や心情に訴えるスピーチ術やわかりやすさが重視されるようになったと聞きます。弁護士の弁論パフォーマンスはドラマを見るようです。これは、まさに心理臨床や対人援助の領域においてもあてはまるもので、たとえ科学的データや客観的事実を提示しても、裁判官ならぬクライエントに受け入れてもらえなければ支援につながりません。もちろん、白黒つける必要のある裁判の場は特殊ですが、たとえ有罪であっても量刑を軽くするとか依頼者に納得してもらえるよう尽くすなどの弁護士の姿勢は、「真実は１つ」的なアセスメント優先ではなくクライエント優先に徹したものでした。

5 アセスメント行為は相対的なもの

　アセスメントと介入は表裏一体のコラボレーションであり、常に見立て（仮説）を検証するため plan → do → check で円環的に展開しながら連続的に変化をとらえていくイメージです。その際に、生じた変化を量的な変化ととらえるか質的変化ととらえるか、もしくはそもそも変化が生じたと評価する

のかしないのかさえ、評価する側のアセスメント次第です。「真実は1つ」的な客観的事実とか科学的真理追究とかではなく、また絶対的なアセスメントを求める必要もありません。常にアセスメントという行為自体が相対的なものです。述べてきたように、「現実は言語や対話によって社会的に構成される」という考え方、そして対人援助関係において介在させているものという認識のうえにアセスメントを位置づけることが、臨床的に有効であると考えています。

◎文　献

衣斐哲臣編『心理臨床を見直す"介在"療法——対人援助の新しい視点』明石書店、2012年

ザイク、J・F／ムニオン、W・M（中野善行、虫明修訳）『ミルトン・エリクソン——その生涯と治療技法』金剛出版、2003年

野村直樹『ナラティヴ・時間・コミュニケーション』遠見書房、2010年

東豊「構造派の治療技法——家族療法に関する一考察」大原健士郎・石川元編『家族療法の理論と実際Ⅰ』星和書店、1986年

吉川悟編『システム論からみた援助組織の協働——組織のメタ・アセスメント』金剛出版、2009年

子ども・家族・拡大システムの アセスメントにおける視点と工夫

川畑 隆

1 児童福祉臨床は「育ち育てる」ことの支援

適切に守られ育てられる

「子どもの人権とは何か」と問われたら、私は「適切に守られることと適切に育てられること」だと答えます。適切に守られることの必要性は児童虐待防止活動にも表れていますが、子どもはまだ1人前ではありませんから守られなければ生きていけません。でも守られすぎてもいけません。「純粋培養」されたりすると、世の中の雑菌にやられて生きていけません。ですから「適切に」なのです。育てられることもそうです。褒めて育てられることも大切ですが、親から叱られたことがないと、どこまで好きにやっていいかがわかりません。ある非行の中学生は、「俺がアカンことを一杯してるのに親は何も言わへン。そんな親ってオルか!?」と本気で憤っていました。舞い上がってどんどん行動化していく自分が不安で、そういう自分の足を地に引きずり下ろしてくれる親の一喝が、子どもを守ることもあるのです。

「適切に」という言葉は、議会の答弁などでもよく便利使いされていて耳を素通りしていくのですが、実は子どもを育てる立場の人に対して「あなたはどのような理想のもとにどのように責任ある子育てをしようとしているの

か」と、その人にとっての「適切」を問うような厳しい側面ももっています。

守られないと自分で自分を守る

　赤ちゃんは生まれながらにいろんな能力をもっているといわれますが、まるまる親からの世話を受けないと生きていけません。3歳児は何でも自分でやるといって頼もしいのですが、実際は自分だけでやれることは知れていて大概は周囲の大人に頼っています。そして上記の中学生にしても書いたとおりで、自己主張の強い高校生でさえ、「うるさい、放っといてくれ」と息巻いても心中は世話され守ってもらわないと不安です。実際にもいきなりの独り立ちはむずかしいでしょう。

　このように、子どもは保護者からたくさん世話され守られて成長していくのだと思います。そして、世話され守られるのは子どもとして扱われるということなので、それは立派な"子ども体験"です。子ども体験が制限されると、無理に大人みたいにふるまったり、なんらかの危機に出会ったとき保護者から守ってもらえないので、自分で自分を守らなければなりません。でも、子どもは当然まだ子どもなので、社会に適応的なバランスのよい自分の守り方などはまだ身につけておらず、いきおい自己中心的なものになってしまいがちです。

症状や問題行動を成り立たせているもの

　私は、そのアンバランスな自分の守り方が、子どもの症状や問題行動となっている場合が多々あるように思うのです。

　もちろん、そこに子どものその時点での発達状況が反映します。

　若い頃、短期間でしたが、私は大学病院の小児科で心理検査を行なっていたことがあります。心理検査をしてほしいという主治医の意向を受けたのですが、小学5年生で身体症状を抱えて来院する女児の多さと、その子たちの家庭的背景が結構複雑だったことを覚えています（検査結果についてはあまり記憶がありません）。それまでは家庭に流れる空気について関知はしていても顕著な心身への影響にまでは至らなかったけれども、些細なことからでも

影響を受け心身に支障を来すほどになるまでに神経系が複雑になってきたのだ、前思春期と言われる由縁だと思ったのです。

　子どもの症状や問題行動がどういうものかによって、それへの独自の対応が必要な場合（拒食による身体の衰弱に対して内科的処遇を加えたり、非行に法的枠組みで対応することなどは典型です）はあっても、一方で子どもが自分で自分を守らなければならないような状況があれば、その改善が必要です。保護者が子どもたちを守ってやれないとしたら、その保護者への援助が重要です。子どもの症状や問題行動を改善するという入口から入り、子どもの暮らしが現状より少しでも厚い幸せに近づくよう、子どもが適切に守られ健全に育てられるように支援するのが、児童福祉臨床の使命だと言えるでしょう。

子どもの安全確保と家族支援

　児童虐待は養護相談（子どもを育てる側が課題を抱えているという内容の相談）です。他の相談に比べて子どもは目に見えて被害者の立場であることが明らかですし、被害者はその不当な状況から救われなければなりません。まして「安全と安心が脅かされるような状況」の程度が高ければなおさらです。そのために法にもとづいた強硬な保護の手段もとらざるをえない場合がありますが、その場合でも、近い将来、虐待のない家庭に戻って幸せな暮らしが営めるためにという福祉的思惑があるわけです。だとすると、なぜ虐待が起きているかの力動を探りそこにどういう変化が生じることが必要かを思いめぐらし、親子分離後の家族支援の方向を定めることになります。親子を分離しない場合はなおさら、虐待を含まない子育てを相談が始まったその日から行なってもらう必要がありますから、当事者との関係作りにもとづいた家族支援を企画しなければなりません。

　この「子どもの安全確保」と「家族支援」の両方が必要なことは論を待たないのですが、実際にこの両方がうまくいくためのバランス感覚が問われる状況にあります。もとより、強硬な手段と友好的な支援が同一組織のなかで両立するはずはないとよく言われますが、そういった体制の変更がなかなかなされないとすれば、いまある組織で努力するしかありません。強硬な手段

を多用することについて「福祉警察的」という言い表わし方があります。リスクを軽く見過ぎて友好的な「家族支援」一辺倒になると子どもの安全が守れないことにもなり兼ねませんが、リスクを重く見てあまりに「福祉警察的」になりすぎると「家族支援」は実質的に名ばかりになることがあります。リスクをそれ以上でも以下でもなくアセスメントし、リスクだけでなく「ストレングス（つよみ）」も加味しながらかかわっていこうという動きは、まさにこのバランス感覚を最適に設定しようという試みなのだと思います。

2　子どものアセスメント

観て書く、書いたことから読み取る

　若い頃、私は公立保育園での「公開保育」によく参加しました。各園から障害児担当の保育士が主催園に集まり、その主催園の特定の障害児の保育場面を午前中いっぱい観察するのです。そして午後から、子どもの特徴やどんな保育を実施したらいいかについてのカンファレンスが行なわれました。私はともかく観たことを書きまくりました。その頃、「行動分析」的行動観察に凝っていましたから、できるだけ主観を排除した記述を心がけました。
　「靴を脱いで靴箱に靴をちゃんと入れた」ではなく、「立ったまま手はどこにも触れず、身体のバランスを保ちながら左足から足だけで靴を脱ぎ、次は同様に右の靴を脱いだ。そしてしゃがんで右手で両方の靴のかかとのところをもち、靴箱につま先から一度で入れ、かかとも箱に納まった」というような具合です。その克明な記録行動のおかげで、観察が終わったときにはグッタリしました。
　この経験が私にとってはとてもよかったと思っています。上記のような観察と記述は、その子の前後の行動のつながりや周囲との関係の文脈にまで及びました。そして、後から読み直していくと、「これらのいくつかの行動はそれぞれが別々の場面や状況のもとでのものなのに、同じようなパターンだなあ、行動の成り立ちの仕組みがよく似てるなあ」と気づくことが多々あり

ました。そして、そのことを午後からのカンファレンスで話すなかで、保育士のみなさんからその「仕組み」を意識した具体的な保育プランが提案されたりしました。

　この仮説の立て方を支えているのが「メタ」視点です。個々の事象を1つ上の視点から俯瞰したときに、その個々の事象の共通点などが浮かび上がって見えるというものです。このように私は公開保育で、自分の書いた行動記録から子どもの行動についての仮説を得ようとメタ視点を総動員したのですが、相談を受けている子どもについての教師による学校での行動記録を読んだときも、どんな子なのだろうと仮説をよく立てていました。相談は受けたものの担当の心理職としてなかなか子どもに会えず、面接も心理テストも実施できていない場合、その行動記録を読んで立てた仮説を書面で担当のソーシャルワーカー（児童福祉司）に渡したこともありました。

心理テストを介在させると何が見えるか

　このメタ視点が、新版K式発達検査2001の読みに関しても私の基本になっていて、それはK式発達検査に詳しい大島の言う「裏つながり」（お互いに関係がなさそうな検査項目同士が、実はその項目に正解する力量においては共通項をもっているというつながり）（大島ほか、2013）と同様の視点です。

　ロールシャッハ・テストでもメタ視点は活きています。「『心理テスト』はウソでした」（村上、2005）という本がありますが、そこでこのテストも取り上げられています。個人の具体的な反応データを3名のロールシャッハ研究者に与え、被検査者の主訴を当てさせたところ、全員が外れていたことをもって「ロールシャッハ・テストもウソでした」と書いてあるわけです。それを読んで即座に私の口を突いて出たのは「ロールシャッハ・テストはウソじゃない」でした。児童相談所の業務のなかでこのテストはとても役立っていたし、よいテストだと思っていたからです。そこに書かれているその3名のテストの読み方は、一口で言うと「サイン・アプローチ」でした。こういう反応（サイン）はこういう傾向を表わしているというふうに1対1で対応させる読み方です。私は、そのケースの場合、その読み方が「外れ」を導い

たのだと思いました。

　「世の中は真っ暗闇だ」と言います。誰しも、目の前の状況に向けて自分がこれからどう行動するかが決まっているわけではありません。いろいろと選択肢があるなかで、いつものようにこうしようとか、今日はやめとこうなどと選択決定しています。また、相手に合わせて仕方なくだったり、思わず感情的になって選択決定しています。このことが、私にとっては、ロールシャッハ・テスト図版を前にしてどう反応するかという事態と（10枚のうち5枚は全面黒色で真っ暗闇ですからなおさら）そっくりに思えるのです。つまり、日常へのかかわり方とロールシャッハ・ブロットへのそれとは相似形で、そこにその人の構造（仕組み）としての対象との関係性の特徴が表われているのではないかと仮説できるのだと思いますし、これは何も目新しいものではないでしょう。だとしたら、サインアプローチだけではなく、そういうアプローチなども取り入れたらいいのではないかと思うのです。そして、そのような読み方で被検査者についての有益な情報をたくさん得てきたと、私は思っています。

　このメタ視点は、他の検査においても、また次に述べる家族の見立て、さまざまな関係性の見立てにおいても威力を発揮します。

3　家族のアセスメント

　ジェノグラムや家族の見立てについては第1部の1で笹川さんが述べており、重複する部分もあると思いますが、ここでも書いておきたいと思います。

ジェノグラムを描く

　相談を受けてインテーク面接を行なうと、さまざまな情報が得られます。家族についての情報もその１つですが、内容は多岐に渡ります。家族構成、家族員それぞれについての情報、家族歴などだけでなく、解決したい相談ごとに関してこれまでどのように取り組んできたのかなども含まれます。

　家族についての情報は文章にするだけでなく、まずジェノグラム（多世代

家族関係図）にすることをお勧めします。ジェノグラムの描き方については決まりがあるわけではありませんが、こういうふうに描けばわかりやすいと提唱されているものはあります。その一例を図表８－１にあげました。

　家族関係をジェノグラムにする効用は、□や○と表わされた個々人の存在をそのあるべき位置に視覚的に据えることによって全体の布置が描けること、そのことによって個々の人たちの関係やそこで生じたことなどの経過や背景について想像し、そうなった要因の仮説を立てたり疑問を膨らませたりしやすくなるなどです。このような解説だけではなかなか読者に伝えにくいのですが、実際に描いてみるとわかります。文章だけで家族の様子や背景を想像するのとジェノグラムを描いて考えるのとでは、脳の働き具合が違ってくるようです。

　子どもの相談であれば、子どもから見て少なくとも２世代上（祖父母の世代）、ときにはできれば３世代上（曾祖父母の世代）あたりまでを描き表わしたいものです。保護者が子どもとして育った家族を原（源）家族といいますが、その情報は家族の「流れ」を見ていくときに重要です。そんなふうにより広い範囲の家族を把握したり、また家族とかかわりをもつ家族以外の人た

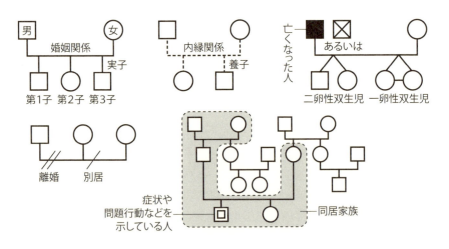

図表８－１　ジェノグラムの描き方の例

ちや関係機関との関係性（拡大システム）も含んでジェノグラムの余白に記入し、より広い人間関係のありようが把握できれば、子どもや家族についての理解はさらに深まるでしょう。

　ジェノグラムを来談者と一緒に作成しながら家族のことを考える面接を「ジェノグラム面接」と呼びます。決して機械的、評価的にではなく、その人にとって大切な家族を敬い尊重するような肯定的な雰囲気のなかで、家族についての事実だけでなく、個人や個々の関係の特徴が窺われるような情報やエピソードなども引き出せたらいいと思います。

仮説を立てる（見立てる）

　どんな家族か、家族のなかでどんな交流があるのか、保護者による虐待や子どもの問題行動、症状につながる家族の特徴はどのようにあるのかなどについて探ってみること、つまり仮説を立てることが相談を受けた当初からかかわりの続く間ずっと、非常に大切だと私は思っています。それは、問題の解決に向けて何のどこにどのようにかかわっていけばよいのかを探るためでもあるのですが、問題の背景など目に見えない部分への想像力を働かせて家族を思いやるためでもあります。その思いやりによって、たとえば目に見える部分では同情の余地を見失ってしまうようなひどい事象に出くわしたとしても、援助者と被援助者との共感を媒介とした人間関係による援助作業に入っていけるのではないかと思うのです。

　仮説を立てるときの前提を確認しておきましょう。それは、人にはこういう条件があればこのように動きやすいという法則にそうような側面と、そんな法則には従わずどう動くかわからないという側面が両方あるということです。そして、前者があるのでこの人はこう思ってこう動くのではないかという仮説を立て得るわけですが、後者があるのでその仮説を決め込んではなりません。仮説を立ててそれを次の面接で確かめます。仮説が支持されたらそういう側面もあるんだと思いながら次も会うし、支持されなかったらその仮説を修正して新しい仮説を探ります。そして、それ以上でも以下でもないような本当らしい仮説にだんだん近づいていきます。

どのようにして仮説を立てるのかですが、家族の事実について「疑問をもつ」ことが重要です。なぜ両親の年齢はこんなに離れているのか。子どもの出生の時期はどうか。兄弟の年齢が離れているのはなぜか。この時期の引越の理由は……。さまざまな目の付け所があるでしょう。「よしあし」ではなく、「アレッ？」と思うことに敏感になってこだわる必要があります。そして想像力を駆使し、こういうことがあったからではないかと可能性を思い描くのです。そういう意味で先入観を排除するのとは逆の作業です。専門的知識や用語はほぼ不要で、人生経験や常識が役に立ちます。

　次に、先ほど述べたメタ視点です。得られた情報のなかにあるさまざまな事柄や事象のつながりを見つけたり、1つ上位の視点から眺めてそこにある同じような仕組みを見つけ、その仕組みにキーワードをつけ、今度はそのキーワードにあてはまるような事象が他にもないかを探すような作業です。たとえば、家族や家族と周囲との間で起きたエピソードなどには、そこでの人間関係のありようの特徴が見て取れることが多いでしょう。その特徴を一度でこれだと特定できなくても、ボンヤリと思い浮かべたことが頭に残っていると、あとから事柄は違っても同様の特徴が含まれたエピソードに出会ったとき、その特徴をよりクリアに把握できるように思います。

　また、こういう視点も有用です。相談されている子どもの症状や問題行動、その他の事象が役に立っている（機能している）ことは何かないかを探すのです。何かの役に立っていることは、役に立っている以上、解消しにくく繰り返されるものです。ある事例では、ストレートな相手との人間関係を結ぶのがとても苦手な母親が子どもの前でリストカットを繰り返し、そのつど、病院に運ばれていたのですが、まさにそのリストカットがその人の人間関係をとるときの介在物として機能していたように見えました。つまり、リストカットという症状を間においてしか相手とつきあえないように見えたのです。いつも母親のリストカット場面を見せられてしまっている子どもの処遇に議論が及んだのですが、母親と一緒に暮らすよりも、児童福祉施設入所中という介在状況を間において親子の面会を繰り返すことによって得られるものが、現状では大きいのではないかという処遇意見も出されました。つま

り、そのほうが、母親と子どもとが直接に向き合う生活よりも親子関係を安全に紡ぎやすいのではないかと思われたのです。

　仮説を立てる作業にかかわることとして、1人での作業や眉間に皺を寄せての協議では早々と思考に限界がきてしまうことも述べておきます。つまり、「こういう発言はしてはいけない」などという暗黙の制限などのない自由な場でみんなで気兼ねなく意見を言い合うような仮説構成作業が望ましく、そうでないと思考が自由に展開しないのです。守秘義務が課せられているのも、その場で何でもワイワイ言い合うからこそだと考えてみてもいいのではないでしょうか。

◆──仮説例1
　ある家族についての情報を〈事例〉としてあげ、それについて思い浮かべるまま書いた〈仮説〉を紹介します。なお、事例は実例をもとにした創作です。
〈事例〉小学校低学年の子を連れ、初婚の若い男性と再婚した同じく若い母。現夫との間に幼子がいる。父方祖父母が同居。父は働かずに頼りなく、言うことを聞かない連れ子への対応がきつくなっている。祖父母も連れ子に手を焼き厳しい対応になっているが、祖父母は働いていることもあって、どうにか母が連れ子を守れている。しかし、母の子育てはしんどそうだ。
〈仮説〉父方祖父母が同居で、その息子である夫が頼りなく、母の連れ子の居心地も悪そうだ。母は連れ子の下に幼子を抱え、状況からして誰も子育てを助けてくれず大変だ。その母の苦労を察知しているのが連れ子ではなかろうか。一番身近で自分の味方の母が苦労していれば、その母に苦労させている人に反発するのは当たり前で、そうであれば連れ子は母思いの健康な子どもだ。

　母が父のことをよくわかって再婚したのかどうかわからないが、後悔も含めて母のなかにはいろんな思いがあるはずだ。その母の思いを聞き込んでみてはどうか。そして、母の支えになりながらいろんな情報をさらに得て、仮説を立てながらできそうなことは母に提案してみたらよい。

気になるのは祖父母と息子（夫）との関係だ。夫が働いていないとしたら、生計はどうやって立てているのか。祖父母の稼ぎがあてにされているとしたら、親世代と祖父母世代の間に引かれているべき世代間境界が危うくなっている可能性がある。

夫には祖父母の息子としてのストレスがかかっているかもしれないし、そのストレスのはけ口が連れ子に向いているかもしれない。また、金は人間関係を左右するので、母の不自由さも大きいかもしれない。だとしたら、単純に考えて核家族としての独立という状況打開策が浮かぶ。母はどうなんだろうか。父は今の生活のラクさと祖父母との暮らしにくさ（？）のなかで、バランスシートはどちらに傾くのだろう。祖父母との別居をおせっかいに勧めることはできないが、母の話を聞くなかでテーマになっていくかもしれない。連れ子がいて再婚しただけでも家族を営むのはむずかしいのに、そこに祖父母との関係も大きく絡むと大変だ。

また、父が母の前夫と張り合い、「連れ子の悪いところは前夫のせいで、俺がその性根をたたきなおしてやる、俺のほうが夫（父）としては上だ」と示したいところもあるかもしれない。

自分の味方の母が稼がなくてはならなかったり、幼子の面倒ばっかりみなければいけない状況だと、連れ子はどんどん一人ぼっちになっていく。子どもは大人に世話されてはじめて落ち着くし、誰も世話してくれないと自分で自分を世話しなければならない。でも、その自分の世話の仕方は思いを周囲に直接にぶつけることしかないので、「問題行動」になりがちだ。そしてその問題行動があるから突き放され、さらに一人ぼっちになるという悪循環にはまり込む。そこから救われなければならない。

連れ子を世話できるには、まず母自身がちゃんと世話されていることが必要だとしたら、やはり、母の思いを聞き込むことから入り、母を世話して支えることが重要だろう。

◆────仮説例2

〈事例〉現在年長組の子どもが赤ちゃんのときに両親は離婚し、母1人子1

人の世帯。別居の母方祖父母と母との折り合いが悪く、母は祖父母を受け入れられない。母は子を叩いたり首をしめたりする。でも「虐待ではない！」と主張。育児方法にこだわりがあり、その特徴的な子育ての仕方を園にも強要し、園がそれに応じないとクレームをつける。母子家庭で生活や養育がたいへんだということに共感すると機嫌がよいが、子どもへの対応の仕方などについて指導されると反発し、関係が進展しない。

〈仮説〉自分から相手をコントロールすることが優位で、状況や相手からコントロールされることがとてもイヤなタイプの母か。こういう人は、いつも突っ張っているわけだから疲れていることだろう。

　得意なコントロールを相手に対してしていると母に思わせ、でも実質は相手からコントロールされているのだが、母は内心それが心地よいと感じられているというような状況をどう作るか。

　「虐待ではない！」→「そうよね。お母さんって、子どもにこう育ってほしいと愛情いっぱいで思っていて、でも思い通りになかなかいかないから、ちょっと厳しい対応になってるんだもんね。虐待じゃないよね。でも、虐待だと疑われるのは損だから、そこのところ、ちょっとセーブしていこうね。応援するからさあ。だって首しめたら誰でも疑うよ。首しめるってどんなときにすることかわかるでしょ」。その後、ちょっと母の勢いが減り、感じが少しマイルドになるとしたら（そんなにうまくはいかないかもしれないが）、上記の目的は少し達せられているだろうか。

　母はずっと突っ張らざるを得ない境遇で育ってきている人かもしれない。誰も守ってくれず、自分で自分を守るために自分の鎧を着ることにしか目がいかなくて、心を緩めて他者の意見を取り入れるような余裕などなかったような……。子どもも年齢を重ねてだんだん対応がむずかしくなってくる。子どもの成長に応じて柔軟になる方向で親も成長しないと、子どもとぶつかってばかりで、結局は母の力が子どもをねじ伏せてしまう。そして、その方法が適切かどうか、効果があるかどうかを検証する余裕もなく、効果がないのは子どもが悪いせいで、さらにこのやり方を徹底する必要があると、園にまで強要することになる。

結局、不安なのだろう。他にどうしていいかわからないのではないか。でも、子どもを育てることについての責任感はあるのだと思う。この「責任感」という言葉は、母を肯定的に評価するときに使える。
　祖父母が話のわかる人の場合だが、祖父母と相談員とで、母に対する応援作戦会議みたいなものをやれないか。
　母は母として頑張っているのだと思う。でも祖父母の娘としての祖父母への反発があるということは、娘役を拒否しているのではなくて、そういう形の娘を母になった今もずっとやり続けているということだろう。だとしたら、ちゃんと普通に娘がやれて、そしてそれを普通に卒業して母になるというプロセスを踏まないと、基本的にはしんどいだろうと思う。
　この母に対して、「イヤなクレーマー」ではなく「ホントに"困ったちゃん"ね」というくらいの認識の程度で、「家は家、園は園。どこでも同じふうにしかできない、そんな箱入り娘（息子）は作らないの」みたいな訳のわかったようなわからないような言い方でもして、「でもそんなアナタが好きだよ」というようなオーラを出してくれる年配の園長先生が、保育園におられたらいいと思う。

◆──**家族アセスメントで使える枠組みのいくつか**

　事例の特徴を見出そうとするときに使える枠組み（先に述べた"キーワード"にもなり得るもの）をいくつかあげておきます。
〈境界〉相手といくら親しくても自分は相手と同一人物ではない以上、自分と相手との間には境界（バウンダリー）があります。その境界を越えると不適切な場合が多々あるように思います。
　まず、そういった個人と個人の境界です。1人が腹痛を起こすともう1人も痛くなるよう状況は、その境界の危うさを感じさせます。逆に境界がありすぎて、家族員が窮地に陥っているのに誰もが無関心だとそれも家族の大きな特徴でしょう。次に世代間境界ですが、祖父母の世代と父母の世代、父母の世代と子どもの世代との間に交流が豊かにあってももちろんかまわないのですが、必要なときにはそれらの間に線が引かれることが必要です。たとえ

ば、親世代が祖父母世代から不必要に経済的援助を受け続けているとか、子ども同士のトラブルに必要以上に親が首を突っ込むとかがあれば、この線が危うくなっています。

　世代間境界を検討するときには、同じ世代内の者同士の連合（協力）の度合いや、たとえば親世代から子ども世代へのパワーの発揮の程度なども課題になります。父母間の連合が弱く、父と父方祖母間、母と長男間の連合が強ければ、その連合は世代間境界をそれぞれ越えています。また、父と長女の結びつきと母と長男のそれが強く、父母間の確執によって子どもたちも代理戦争をさせられているような状況もありえます。さらに、苦いからと薬を飲みたくない子どもにちゃんと両親がそれを飲ませられないような場合も、両親間の連合と子どもに向けたパワーの両方に疑問符がつくでしょう。

　家族と家族外との境界も重要なポイントです。家族員の了解もなく家庭に自由に出入りする外部の人がいたりすると、大きな違和感を覚えるのが普通でしょう。とくに、なぜその人が出入りするのかについて説明を受けても理解が不十分で、変化に弱い認知の特徴をもった人（自閉症スペクトラムで言われるような、事情の理解よりも図柄の変更への戸惑いのほうが優先してしまうような心性）などにとっては、そのような状況はかなり混乱を来すのではないでしょうか。

〈環境の変化〉引越うつ病という言葉があるように、引越という環境の変化が何らかのストレスの引き金になることがあるでしょう。同様に、さまざまな環境の変化とその後の状況との関連が探られます。また、なぜその時期にそのような環境の変化があったのかについても、後述の〈決定〉との関連で検討されるかもしれません。

〈お金の流れ〉「お金の切れ目は縁の切れ目」と言うように、お金は人間関係を左右します。両親が立てた家の土地と家屋の費用はどこから出たものか。祖父母と同居しているが生活費はどのような分担になっているのか。たとえば父方の祖父母と同居している場合、父は祖父母の息子としての立場と、妻の夫、子どもたちの父親としての立場のそれぞれの役割を同時に果たさなければなりませんが、このお金の問題が先述した世代間境界にも影響を与え、

この3つの役割のバランスを崩すことにもなりかねません。

〈決定〉子どもの名前はどのようにして付けたのでしょうか。両親が話し合って決めたのか、それとも祖父が決めて両親が従ったのか、あるいは……。そこに、その家族特有の物事の決まり方が表われている可能性があります。先ほどの引越を例にとると、母親の事情は考慮されず父親の気まぐれだけでそれが決まったとしたら、その決まり方は引越だけに限らないかもしれません。

　2つの選択肢があるときに、片方を選べばよいことばかりで、もう一方を選ぶとよくないことばかりだとしたら、前者を選ぶに決まっています。でもこの選択は厳密にいえば選択ではありません。いわば選択肢の側から「こっちしかないよ」と働きかけてくれ、それを受身的に受け入れたらいいだけだからです。通常、選択を迫られる場合は選択肢のどれを選んでもよしあしがあります。ですから、どれかを選んでそれがうまくいけばそれでいいのだけれど、もしうまくいかなかった場合もその結果と責任を引き受けなければしようがないと自ら背負うような主体性が求められるのです。この重要な決定が家族のなかでどのように行なわれるかは、その家族の道筋を左右する重大な事柄です。

〈ペアレンタル・チャイルド〉この章の冒頭で「子ども体験」について述べましたが、ペアレンタル・チャイルド（親的子ども）とは、子どもなのに親のような役割を与えられ果たしてきた子どものことをさします。たとえば、両親の片方が早くに亡くなったり離別して1人親家庭になった場合、1人だけでは果たせない親の機能を、長子が肩代わりするようなことが起こります。これは、それがよいとかわるいとかという話ではなく、それによってうまく運営されてきている家族もあるわけです。

　しかし、その「ペアレンタル度」がとても高い子ども時代を過ごしてきた場合、希薄だった「子ども体験」を取り戻したいのではないかと周囲に思わせるような動きを見せたり、いつも何かのフリをすることに追い立てられ、自分自身をありのままに受け入れて過ごすことができにくく、そのことで悩んだりするようなことが、後々表われてくるかもしれません。

〈障害や病気等と心配〉家族のなかに障害や病気を抱えた人がいる場合、家族はいろんな影響を受けます。介護や看病に両親だけでなく兄弟たちも手や心を取られます。両親の負担を考えたときに、兄弟は自身の別居や結婚にも二の足を踏むことがありますし、自分たちには親の手がかからないよう振る舞うようになるのも自然の流れでしょう。「障害児の兄弟」への支援も対人援助の1つのテーマとして取り上げられているぐらいです。

　障害や病気を含めて「心配な人」を家族は放っておけません。自殺するかもしれない母親を見張るために登校しなかった中学生がいたぐらいです。母親の精神的健康が回復してくると、その中学生は登校できるようになりました。心配な人からは離れられないけれど、心配が減ってくると離れることができ、自分自身のことに目が向くようになったのかもしれません。

〈家族員の死〉家族員の死は遺族に大きな影響を与えます。また、その死が病気の看病を経てのものであったのか突然の死だったのか、加害者がいるのかいないのか、遺体が（たとえＤＮＡ鑑定で証明された皮膚だけでも）あったかなかったかなどでも、影響の質と量はかなり異なります。

　家族は1つの生き物ですから、亡くなった人を亡くなった人として直ちに認め、遺った家族だけで安定して生活していけるほど単純ではありません。遺族の間でさまざまな要素に関してさまざまなベクトルの力が作用し合います。亡くなった人がそれまで家族のなかで担っていた役割を補完するために役割の再分配も行なわれ、その役割に馴染むまでの間に混乱が生じたり時間がかかったりします。そういった経過のなかで、誰かが症状を示すこともあり得るでしょう。

〈三角関係〉社会心理学者のハイダーが提唱した「バランス理論」は、「三者の関係は、三者それぞれの関係をプラス（よい関係）とマイナス（わるい関係）で表わしたとき、その積がプラスになるときに安定している」というもので、AさんとBさんの関係がよくて、AさんとCさんの関係がわるければ、BさんとCさんの関係もわるくなる（プラス×マイナス×マイナス＝プラス）わけです。これはあらゆる三角関係に適用できる考え方です。実母の子に対して継母が厳しくしつけすぎる場合、実母の子育てのせいで子どもが

だらしないので継母がしっかりさせようとしているのだとしたら、継母と実母と子どもの三角関係では継母は実母をマイナスに認識し、実母と子ども間はよいしつけがなされていなかったからマイナス、継母と子ども間はよいしつけをしているからプラスとして、継母側からの解釈では関係は安定しているかもしれません。しかし、子どもの側に立てば、実母が恋しくてプラス、継母とはマイナスの関係で固定している可能性もあります。また、継母と実母と父の三角関係では、継母が自分は実母よりも優れた母親であることを父にアピールしたいのだとしたら、継母と実母はマイナス、実母と父はマイナス、自分と父はプラスだということになります。しかし、父からすれば反対に自分と実母はプラスで、継母に対してはマイナスのベクトルが向いているかもしれません。

　私は、虐待ケースへのかかわりかたについてもこのバランス理論で説明しています。虐待されている子どもに相談員が同情的（プラス）で、虐待している親に批判的（マイナス）だと、親子の関係はマイナスになるわけです。相談員は虐待が起きないようにしたい、つまり親子間をプラスにしたいわけですから、結局、それと逆のことをしてしまっていることになります。相談員が子どもとの関係と親との関係のどちらをもマイナスにすることでも、親子間は図式上はプラスになりうるわけですが、そういうかかわりは現実的ではないし意味をなしません。子どもとの関係と親との関係をともにプラスにもっていこうとするしかないのです。

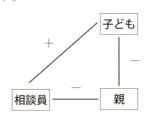

図表8－2　三角関係のバランス理論

〈その他〉ここまで述べたことは、事例の特徴を見出そうとするときに使え

る枠組みのほんの一部です。枠組み（視点、キーワード）は、もちろんのこと、いくつもあり得ます。

◆―――合同動的家族描画

　合同動的家族描画（(Conjoined Kinetic Family Drawing：ＣＫＦＤ）は、家族の特徴をつかみたいときによく用いる方法です。もちろん、家族合同面接を行なうときにも家族の特徴が表われているであろうやりとりが目の前で繰り広げられるのですが、その合同面接においてよく使用します。

　用意するのは四つ切りの画用紙を１枚とクレヨン（12～24色）です。家族の前に画用紙を置きクレヨンを提示します。「お好きな色を選んでください」。１人１本ずつ選んでもらいます。「ご家族で自由に話し合ってくださって結構ですから、家族で何かしているところの絵を描いてください。ただし、ご自分の色は他の人と替えないように、最後まで自分の色で描いてください」と教示します。色を替えさせないのは、誰がそこを描いたかがわかるようにするためです。そして、あとは家族の描画行動をよく観察します。

　描画ですから描かれた内容にも注目はするのですが、大きく興味があるのは家族の描画行動における交流の特徴です。ですから、行動をよく観察するのです。最初の色選びではその順番、指示するとしたら誰か、誰と誰が似た色を選ぶのか等を見ています。何を描くかの話し合いの様子、どんなふうにテーマが決まるのか、どんなふうに描画が始まるのか、誰がリードし、誰が描いたところに誰が手を入れるのか、あるいは誰は手を入れないのか。色を替えたい要望が出たときには誰がどう正すのか正さないのか……よく見ながらメモをします。そして、描画の

図表８－３　合同動的家族描画の例
大学生が授業で家族員の役割をとって描いたもの。

終了はどのように決まり、「描きました」と誰が教えてくれるのかというところまでチェックし、「描いていてどんな感じだったか、何を思ったか」をみなさんに尋ねます。

ロールシャッハ・テストに関するところでも述べたと同じように、家族の交流の仕方には特徴があって、それがこの合同描画行動にも相似的に表われているのではないかという仮説を前提としているのです。

4 援助の目的と介入

アセスメントをまとめる

「子どものアセスメント」と「家族のアセスメント」について述べてきました。子どものアセスメントについては、子どもが目の前の状況との間で具体的にどのような交流を行なって生きているのかについて、できるだけその子どもの目線でとらえたいという欲求が私にはあります。そして、家族のアセスメントについても、その家族の特徴のよしあしではなく、具体的にどのような人と人との関係性があり、そこにどういう変化が生まれていけばよいのかを考えたいのです。つまり、子どもについて、たとえば「衝動的である」と状況との関連をあまり考慮せずに断定したり、家族員の誰かを「原因(悪者)」と決めつけ糾弾するのではなく、自分たちだけではほどけないほど絡み合っている糸を、その困り感を共有し勇気づけながらほぐしていく作業をどのように手伝うかというところに心を砕きたいと思います。そういう意味では、見立ては「どんなものであってもかまわない」とは考えていません。子どもや家族を勇気づける方向で処遇を進めることにつながるような見立てを志したいと思います。子どもや家族の否定的な面ばかりを指摘するのではなく、肯定的でよい展開の芽を内包している部分をちゃんと見つけていく目をもつことが重要です。子どもの問題をとおして、子どもだけでなく家族も育つお手伝いをするのです。

「子どものアセスメント」と「家族のアセスメント」をどうつなぐかにつ

いて、まだ言及していませんでした。家族のシステム（つながり）の一員として当該の子どもは機能しています。まさにその家族の特徴を一角として支えているわけで、家族の特徴に逆らわないようなさまざまなことの心理的処理をおこない、またその心の使い方の特徴が家族特有の交流を進めているところもあると仮説することができます。

　ある5年生の不登校女児についての心理所見です。「知的能力は正常である。本児の一大特徴は、『自分のなかに生じた根拠を頼りに、ものごとを判断し行動する』ことの弱さである。『私はこうだ』という位置づけのイメージが自分のなかではっきりせず、漠然と周囲の状況に束縛され、自分流の『泳ぎ方』がつかめない。こういう特徴は、何にでも逆らわない『よい子』が演じられることにもつながるし、『嫌なこと』が直接的に回避行動につながりやすい」。母は父の自分勝手さにもの申したいことをいっぱい溜め込んでいるのですが、それを父に届けることができていないし、父も母の気持ちを関知していないようでした。いつも不満を抱えて不機嫌に過ごしている母の横に、本児は登校せず、母と同じような寄る辺ない気持ちで寄り添っていた節があります。まさに、周りの状況に埋没する形で自分の行動が方向づけられてしまっているようでした。母が父にもの申したらいいのと同様に、本児に対しても「何をしてるのよ！学校に行きなさいよ！」と一喝することさえできていれば、事態は展開するように見えていました。ところが、楽しみにしていた運動会をきっかけに登校はいとも簡単に再開しました。そのことによって相談は終結し、その後の様子についてはわからなかったのですが、運動会というよい波ではなく、何かわるい波が押し寄せたときにどうなるのかという不安が、担当者の私の胸からは消えませんでした。

援助活動につなぐ

　初期のアセスメントによって、何を援助するかという援助の的をとりあえず定めることが必要です。そして、さまざまな方法論によって援助的アプローチを行なうなかで、アセスメント仮説を修正し、それにそったアプローチを行なうというサイクルを繰り返します。

アセスメント仮説のなかにすでにそれにもとづいたアプローチ案も含まれてくることは、前節の仮説例を見ていただければわかるでしょう。そういう意味でも、アセスメントとアプローチ（介入）は常に絡みながら進みます。

アプローチのベースにいつもあり続けるべきものに「ジョイニング」があります。一般にいわれる「ラポール」「ラポート」にあたるものですが、援助者と被援助者との間に肯定的な交流がなされていないと、なかなか援助活動は進展しません。そしてそのジョイニングをベースに、援助活動を進めていくことになります。

拡大システムのアセスメント

ジョイニングや援助活動についての具体的なことは他書に譲り、ここでは援助活動における「落とし穴」について述べることにします。それは、個別のケースへの個々のアプローチを、先に述べたメタ視点で眺めた際に窺えた事柄ですし、拡大システムのアセスメントにかかわる事柄です。

私が児童相談所職員から大学教員に転職したからこそできていることの1つに、私が勤めていた京都府の児童相談所以外の機関の仕事の仕方を、事例検討会等に参加することによって見せてもらっていることがあります。そして、そこでうまくいっていること、うまくいっていないことに出会っています。

ここでは、そのうまくいっていなかった事柄をいくつかピックアップし、それが何を教えているのかを浮かび上がらせたいと思います。いわずもがなですが、目的は業務が「落とし穴」を回避してよりうまくいくためのポイントを見つけるためであって、うまくいかなかった業務を行なった機関を責めたりするためではありません。

◆───児童相談所の置かれた立場が創り出す困難

私が児童相談所に勤務していたのは2006年までですが、もちろん、それまでも虐待事例には多く対応していたものの、その後の通告ケースの増加と死亡事例の発生、それに伴う対策の強化や虐待防止と家族支援の体系化に

よって、児童相談所の仕事のしかたはずいぶん変わってきているようです。
　職権保護（親の同意を得ずに行なわれる児童相談所長の決定による子どもの一時保護）に動く閾値が低くなったというのもその１つですが、私が勤務していた頃の事例が私の後任の課長のもとで職権保護されたのを聞くと、当時の課長としての私の判断が甘かったのだなと反省することもありました。しかし、他府県で聞いた事例には、閾値を低くしすぎたために後々困難に遭遇していると思えるものもありました。保護者によるかなり妥当だと思える抗議が続き、それに対して児童相談所はただ単に防戦しているだけのように見えました。さらに保護した子どもを家に帰すために次の段取りとして設定した「家族療法」が取ってつけたようなものになってしまい、解決したいことが明確でないまま「よりよい家族にする」ために面接が進み、家族も子どもを返してもらうために「よりよい家族」を明らかに演じているようにとらえられたのです。
　「虐待防止」が一人歩きして「家族支援」と結びついていなかったと言えばよいでしょうか。職権保護するときにも対象家族についての見立てをもち、その見立てにそって職権保護の有効性を利用しようとするわけですが、そこが有機的につながっていないように思いました。なぜそうなるかといえば、やはり保護しないことによって起きるかもしれないことへの機関がもつ不安もあるのでしょうか。また、あとでも述べますが、提示された方法論をそのまま適用しようとするようなところ（この場合は「家族療法」を強引とも思える形で導入しています）も、「家族再統合」をしなければならないように追い立てられている感じを受けているからかもしれません。
　また、新しく児童相談所に赴任するワーカーが初めて見る現場が、第１節で述べたような「福祉警察」的な側面が強ければ、その新人は児童福祉ソーシャルワークとはそのようなものだと思い込むかもしれません。そして、そのように権力を行使することに馴染みやすい傾向をもつ人なら、元気づけられて、なおさらそう思うでしょう。しかし、児童福祉ソーシャルワークの基本は相手との合意と共感をもって進めることであり、必要なときに限って介入的ケースワークを行なうのが妥当だと思います。そういったバランス感覚

も、現場で新たに教えていかなければならない課題であるように私は思います。

◆―――児童福祉臨床に適切な「枠」

　性加害が注目されています。そして性加害児童への治療プログラムも提唱されており、それが実践されています。しかし、事例全体から性加害の部分だけが切り離されて、事例全体を有機的につながずになされている処遇の場合、うまくいかないことがあるのではないかと気になります。こういう事例もありました。兄弟からの性加害が疑われていて、担当者は加害者に指導を加えるために誰が加害者かを特定することに焦るあまり、そのソーシャルワークが兄弟や両親からの不評を買い、うまく展開できなかったのです。その事例の場合、「性加害」ではなく、兄弟からの性加害を許した「両親からのネグレクト」という枠組みで扱えば、いろんなことをカバーできたのではないかと思えたのです。家族支援をベースに部分的要素に引きずられず児童福祉を行なうための枠を、どのように事例ごとに設定していくか、その大切さを思いました。

◆―――ネグレクトへの慣れ

　とくにいま課題を抱えていない家族の課題度を「0」とします。ある家族は子どもへの養育態度が地域で少し問題視され、課題度は「1」でした。その後、家から出るゴミの処理がなされないことが問題となり、課題度はトータルとして「2」にアップしましたが、その後その状態が慢性化し役場からの指導も無効果で、様子を見ることになっていました。そして最近、件の子どもの、それまで様子が確認されていなかった兄弟の異様な様子が垣間見られました。でもなかなか家に入らせてもらえず、子どもの安全確認もできないまま時間がたっています。この事態の課題度は確実に「3」に至っていました。さて、課題度が「0」の家で「3」が確認されれば「3−0＝3」です。しかし、課題度が「2」の家で「3」が確認されても「3−2＝1」です。差が「3」であれば重大なことが急に起きたわけですから、緊急に介入するでしょ

う。でも、差が「1」なら少しの変化ですから、これまでのようなペースが維持されるかもしれません。しかし、「3」の重大さはどちらも変わらないのです。ケース会議でこの「3」を再確認し、家庭への立ち入り調査に向けて動くことになりました。

「目を曇らされるマジック」を目の当たりにしました。

◆── 「虐待はしない」という約束

児童福祉施設に被虐待で入所していた子どもの家庭引き取り時の両親との面接です。「お父さんお母さん、もう虐待はしませんよね」「ええ、しませんよ。反省してますからね。なあ」「ええ、二度としません」「そうですか。それじゃあ安心して帰っていただけます」……このやりとりがとても心配でした。これでいい場合もあるのかもしれませんが、認識でコントロールできずに感情が独りでに走って虐待するということは十分にあり得ます。でも、そんなときに「虐待はしません」と約束していたとしたら、その約束を破ったわけですから、殴ったことを隠すことにつながります。それではまずいのではないでしょうか。「そんなふうに虐待をしないなんて約束するところが、お父さんとお母さんはわかってらっしゃらないし、信じられません。人ってやらないと思っていてもやってしまうことがあるんですよ。だから、お父さんがもうしないからと一時保護や施設入所を断られたときも、強く説得させてもらったんです。殴ってしまうことはあるんですよ。絶対に殴らないなんて約束なんかしないで、殴ったらすぐ知らせてもらわないと困ります。一発殴ったら二発目、三発目が勢いで出てくるでしょ。殴りそうになったとき、我慢できずに一発殴ってしまったときにすぐに知らせるんですよ。いいですか。それが、お宅の子どもさんを一緒に育てていこうと言っている中身じゃないですか！」。事例検討の場でしたが、こんな対応をロールプレイで試してみました。両親の役を演じたプレイヤーは、「最初は相手から何を言われているかよくわからなかったけど、ああそうなんだと、氷が少し溶けていくような感じがした」と述べました。ロールプレイを見ていた人からは、「虐待防止が家族支援に移っていくプロセスを見たようだ」という感想が聞かれ

ました。

◆───〇〇法のミスマッチ

　〇〇法と呼ばれるメソッドがいろいろにあり、児童福祉臨床現場でも採り入れられています。私が体験したのは、児童養護施設に対して当該児童を措置している児童相談所の心理担当者がある方法を提案したので、それを受け入れ行なっているが、その適切性や効果はどうなのだろうかというテーマのもとに施設職員によって催された事例検討会でした。報告を聞くと、子どもはその方法に応じて一定の反応をしているのですが、ただ場当たり的に反応しているだけで、指導員が提示している内容を子どもも共有しているようには思われません。それは、どうやら子どもの発達的力量というか、1対1の人間関係性の十分な把握力がもう一歩だというところによるように思われました。つまり、〇〇法が上滑りして子どもの実態とマッチしていないのです。実は、現場の保育士や指導員はそのことに気づいていました。それはそうです。児童相談所の職員は子どもを「点」と「線」レベルでは知っていたとしても、施設職員はそれを超えて「面」までも感覚レベルのものを含めて知っているからです。

　〇〇法やそれを支える考え方は筋の通った理論であり仮説です。その理論を聞くとなるほどと思わされてしまうのですが、それに引きずられずに子どもの実態を自分たちの目でしっかり見極めたらよいのではないでしょうか。あせって無理に〇〇法を支える理論にそった子どもの成長を目指さなくても、子どもの日常の周りにある資源で子どもの発達的力量をアップさせることのほうを、優先させてもいいのではないかと思ったのです。

◆───**これぐらいの進路でしようがないか**

　「この家庭背景でこの状況であれば、中学卒業で工場に住み込み就労になってもしようがないか」……私が担当としてそう思ってしまった不登校の中学3年男児がいました。本当に選択肢としてそれしかないのだろうなと行き詰まったときに、児童養護施設に入所させて中学3年をもう一度やらせ高

校進学させようと言ってくれたのは、同僚の保育士でした。児童福祉臨床の専門家の端くれとして働いていた私は、その保育士の言葉で目が覚めたのです。「この子はこれまで経済的にも養育環境的にも貧しさばかりのなかで育ってきていて、これからもこれぐらいの進路（人生）しかないかな……、しようがないか」と思った私は、その貧しさの責任がその子のなかのどこにあるというのかと自らに問い返す視点を、そのときもち合わせていませんでした。子どもの最高の児童福祉、最高の人生のチャンスを与えられる権利は、抽象的にではなく具体的に私の目の前に姿を見せていたのです。

その男児は実際に高校に進学し、今は立派な社会人として働いていると聞きます。

最近、ある養護事例の検討会に参加していたとき、過去のこの男児のことが思い浮かびました。もちろん、いつも「最高の児童福祉を」という視点だけで突っ走れるものでもないでしょうし、子どもの人生を考えたときに、その子どもが背負い続けていかなければならないものも大きいでしょう。しかし、援助する側とされる側の関係のなかで処遇が動いていくとき、何かの落とし穴に落ちていないかを点検しようとする敏感さは、もっていたいと思うのです。

◆ 知的障害のある保護者

前項で述べた「その貧しさの責任がその子のなかのどこにあるというのか」という視点は、「貧しさ」の代わりに「育てられ方」「障害や病気」などの言葉を入れても成立するように思います。

軽い知的障害のあるご両親が、保育園に行くぐらいの年齢の子どもを育てているのですが、その子育てが不適切だから周りがどんなふうに援助したらいいかを話し合う個別ケース検討会議に出席しました。支援員が母親に「そんなときにはどうしたらいいの？」と尋ねると何も答えないので「こうしたら」と教えると、母親はそのとおりにするそうです。でも支援員は、そんなふうに甘やかすとどんどん甘えてくるので突き放したいのだが、突き放すと母親は固まってしまうので、どうしたものだろうかということでした。私

は、その母親は「そんな時にはどうしたらいいの？」と問われても、どうしたらいいかわからないのではないかと思いました。母親の性格が相手に甘えてしまうたちで支援員に依存しているのではなく、知的障害があるから「わからない」のだと思ったのです。そして、もちろん、その知的障害はお母さんのせいではないのだから、社会の責任として、わかるように教えてあげたらいいと思いました。知的障害だけではなく、いろんな障害をもった人は人口の何パーセントか必ずいます。つまり、誰かは必ず知的障害をもった人という役割をとらなければならないように、世の中はなっているのです。社会の責任だと考えるのはそういうことからです。私が知的障害をもっていたかもしれません。

　同じように、知的障害のある保護者の事例のカンファレンスで、保護者に知的障害があるからこんなこともできない、どういうふうにしてできるように指導していくかという課題の設定がなされます。でもその「できるようになる」べき目標が、知的障害のない人でもむずかしいくらいのレベルのものになっていることがあります。「みんな、そんなにきちんとした生活をしてる？」と突っ込みを入れたくなるような場合です。笑える、いや笑えない議論の落とし穴です。

◆――要対協は情報報告会か

　要保護児童対策地域協議会（要対協）は、全国の各市町村を事務局として設置されているたいへん重要な会議です。要保護児童を個別に健全に育てることに関して、縦割り行政の欠点を排除し横割りで検討、実施していこうという画期的な枠組みをもっています。

　ところが、その会議の1つである個別ケース検討会議に参加してときどき目につくのは、各機関からの参加者は自分の担当職域内の情報の単なるメッセンジャーで、どのようにそれらを組み立てて適切な対応に移していくかについては、市町村の事務局や専門機関である児童相談所の役割であるとしてしまっているところです。その会議に出席しているときの出席者の肩書きは、各自が所属している機関の職員であると同時に、全員が個別ケース検討

会議の委員なのです。正解のない複雑な事案に係る子どもの健全育成のために市民の代表（協議会の委員）として対等に審議し、協議会としての見解を出していかなければなりません。その力が地域の力となるのです。ところが、伝える新しい情報がないからと欠席や早退があったり、たとえば子どもの進路がテーマにあがると、進路は学校が対応するので他の部署は口を出すなという発言があったりしました。歴史の浅い取り組みなので今後の改善が望まれます。

◆───**保身が作る悪循環**

　要対協の個別ケース検討会議で、自治体の不安が他にもよくない影響を及ぼしている、こんな例を見ることがありました。その自治体は受理した事例が自分たちの職場だけで当面は対応できるレベルのものであったとしても、児童相談所に送致するという方針をもっていました。送致を受けた側はその事例への対応を行なわなければならず、他の重要ケースへの対応をひとまず横に置かなければなりません。そういうことになっている事例の検討会で、その自治体職員は事例の不安なところを強調し、何かが起こってからでは遅いので児童相談所による職権保護も含めた対応をお願いしたいと言います。私は、その不安の根拠になっている記述は資料のどこにあるかと質問したのですが、答えはまったく返ってきません。問い詰めたのではなく、純粋に優しく質問しただけのつもりだったのですが……。実際にその事例には「つよみ」がたくさんあり、怖がらずに真正面から対応したらよいと思われたのです。要は、もしも何か重大な局面になったときに（誰もそういうことは起きないと断言することはできません）、それは送致した先の児童相談所の責任によるものであり、自治体にもなんらかの瑕疵はあったとしてもそれは最少であるということを手に入れたいがためだけの、児童相談所送致策だろうとしか受け取れませんでした。

　人間には保身に走りたいところがあるのは当たり前ですし、必要な保身もあるだろうと思います。しかし、自分のところの安全だけを追求して、児童相談所の業務をいたずらに増やし、児童虐待防止活動全体のバランスを考慮

しないやりかたは如何なものかと、強く思いました。

◆———困難事例への巻き込まれ

　これも要対協の個別ケース検討会議での体験です。何年も前から協議を繰り返しているという事例の会議に、初めて出席しました。なかなか母によるネグレクト気味の養育が改善しないという不登校事例でした。教師からその母に対する批判とあきらめが口を突いて出ます。「だから早めに児童養護施設に入れろと言ってきたんだ！」と関係機関への批判も加わります。他の出席者は黙ったままで、教師と同じような気分で座っていた人もいたかもしれません。アドバイザーとして出席していた私は何か役割をとらなければと思い、その母のよいところや、つよみとして見えているところはどんなところかと尋ねましたが、一蹴されました。一蹴されて巻き込まれてしまった私は、「ダメな母親。施設入所しかなかった」という教師の主張の内容そのものに批判的に反応してしまったのでさらに反発を買い、元児童相談所職員の児童相談所寄りの発言だと思われたかもしれないことも相俟って、やりとりは不毛なものになってしまいました。

　落ち着いて考えてみると、なかなかうまくいかない処遇で、こうしたらいいという現状打開策がないなか、そのやるせなさの発露として攻撃的な発言があっただけで、施設入所の現実的可能性等をその発言した教師自身が信じ込んでいたわけではなかろうと思い至りました。つまり、その会議では、うまくいかず手強い事例に関係者が巻き込まれていることが顕わになったということなのでしょう。相手に巻き込まれているときは怒ったり、焦ったり、投げやりになったりします。教師が事例に巻き込まれ、他の出席者もその教師に巻き込まれているかもしれず、みんな巻き込まれずに次を進めていくことしかないだろうと指摘し損ねたことを、アドバイザーとして反省しました。

　巻き込まれるのはよくないということが明らかだとしたら、巻き込まれないことです。相手を巻き込んでしまうほどむずかしい事例であっても、できるだけ巻き込まれず、つまり負けずに少しずつでも前に進めていこうとすることしかないわけで、そのための方法の１つは、「それでも相手のよいとこ

ろ、つよみ、手がかりを見つけ、肯定的にかかわろうとする」ことだと思います。

関係者がその家族（事例）を見続けているだけではなく、家族の側も関係者をしっかり見ています。関係者から「切り捨てられた」「見捨てられた」と感じたときに、「やっぱりな…。最初はあなたたちのことを信じてるとかなんとか言ってたけどな」と吐き捨て、家族は自分たちの独自性をさらに強く継続していこうとする……そういう罠、落とし穴にはまらない決意が必要なのではないでしょうか。

5 再び児童福祉臨床について

相対的で未完結

他の機関で実施された新版K式発達検査の結果を受け取り、それにもとづいて発達相談と助言を行なっている相談員の研修会に講師として招かれました。テーマは「受け取った検査の結果をどう読み込んで助言に活かすか」でした。そこで、私は次のように話しました。

たとえば、血液検査の結果は絶対的（誰が行なっても結果は同じ）で、完結（その時点での結果は1つ）しています。一方、心理検査はそれとは反対に相対的（誰が行なっても結果は一緒とはならない）で、未完結（結果はいかようにも読めるし、変化していく）です。ただ、心理検査のなかには誰が実施しても結果はそう変わらないものもあり、それらの検査の結果は、クリアな数字や図として出されます。それに対してK式発達検査は際だって誰が行なっても結果はまったく同じとはならないし、発達年齢や発達指数を算出する整理法はあっても、結果は曖昧でいろんな側面からとらえられます。かなりに相対的で未完結だと言えるでしょう（この「相対的で未完結」という言葉は、私の先輩のセラピストがよく口にしていたものです）。

つまり、K式発達検査の検査者には実施の手慣れた人もいればぎこちない人もいるし、読みの限定的な人もいれば柔軟な人もいる、所見として書いた

内容が相手に伝わりやすい人もいればそうでない人もいるわけです。ということは、K式発達検査の所見を受け取った人は、それがどんな所見であっても、血液検査の結果を受け取るようにはその内容を丸々信じてはいけないのです。
　そう話したあと、K式発達検査を実施した機関の検査者をけなしてしまったのではないかと、私は自分の発言に影響を受けていました。ところが、だんだんと考えが自分のなかで熟してきました。いや、けなしたのではなく、K式発達検査はとても大切なことを私に気づかせてくれていたのです。それは……。
　私たちの業界（狭義でも広義でも）は、そもそも「相対的で未完結」なところです。K式発達検査を実施する機関の検査者はよりよく検査をし、よりよくその子の特徴を見つけ、よりよく所見に著そうとしています。でも、繰り返しますが、完璧に絶対的で完結したものにはならないのは当たり前で、だから結果を受け取る側はそれを完璧なものとして信じてはいけないわけです。そしてこのことはK式発達検査の検査者のことに限らず、私たちみんながそうです。私たちがそうだと思っていること、思わされていること、いろんな論や見解、偉い先生の話も○○法も……相対的で未完結なのであって、完璧だと信じてはいけないのだと思います。
　ここでいう「完璧さを信じない」の「信じない」とはネガティブな言葉ではなく、お互いに「完璧さを信じないよね」と、そのことを肯定的に共有しているポジティブな信頼感を表わしています。「完璧さを信じない」から物事を決め込まずに経過を見ていこうとするし、みんなで力を合わせ、ああでもないこうでもないと検討し合います。そして、「相対的で未完結」なことは常に動くので、「完璧」という止まった状態には至らないけれども、仮にでもいいから完璧の近くにまで行きたいという向上欲求を満たそうとして、より役に立つアセスメントやアプローチ法を求めようとするのです。それは、もちろん、目の前の援助を求めている人への援助のためであることは間違いありません。
　そういう業界、職域、現場なのでしょう。

◎文 献

石川 元『家族絵画療法』海鳴社（絶版）、1983年

大島 剛ら『発達相談と新版K式発達検査──子ども・家族支援に役立つ知恵と工夫』明石書店、2013年

家族画研究会編『臨床描画研究Ⅰ』金剛出版、1986年

家族画研究会編『臨床描画研究Ⅱ』金剛出版、1987年

川畑 隆『教師・保育士・保健師・相談支援員に役立つ子どもと家族の援助法──よりよい展開へのヒント』明石書店、2009年

マクゴールドリック、M／ガーソン、R／シェレンバーガー、S（石川元、佐野祐華、劉イーリン訳）『ジェノグラム（家系図）の臨床──家族関係の歴史に基づくアセスメントと介入』ミネルヴァ書房、 2009年

宮井研治編『子ども・家族支援に役立つ面接の技とコツ──〈仕掛ける・さぐる・引き出す・支える・紡ぐ〉児童福祉臨床』明石書店、2012年

村上宣寛『「心理テスト」はウソでした。──受けたみんなが馬鹿を見た』日経BP社、2005年

私はこう読んだ
梁川 恵

真実は1つではない

　衣斐さんの「『真実は1つ』的な科学的な真理追求ではない」、川畑さんの「完璧さを信じないよね」という文章を読んで、私の頭に浮かんだのは、今から20年以上前に私が勤めていた児童相談所長の以下のような発言です。「児童福祉はなぜ合議制で行なわれるのかわかるか？　時代によって法律や社会的常識は変化するので、普遍的正しさというのは存在しない。その時点で、普通の多くの人がもっともだと思える常識的判断を行なうために、合議制が必要なのだ」。

　衣斐さんと川畑さんはシステム論に依っていると思います。私も1980年代前半に家族療法のワークショップに参加していました。それまでは、問題の原因と結果を1対1対応で考える因果論的なモデルが主流でした。しかし、戦後の貧困等をベースとしたそのようなパターンによる問題解決のしかたではうまくいかなくなり、高度経済成長を経て、価値観の多様化や問題の複雑化がみられるようになった時期に入りました。私はシステム論のIP（Identified Patient　問題とされた人）という概念を使って、目の前の問題の複雑化に対応していたように思います。現在、システム論への批判の的の1つは、ケースの「問題」のみを扱っているといわれていることだと聞きます。衣斐さんが、「もちろん、根堀り葉堀りの質問攻めにならないようにしますが、……」と書いていますが、そういう配慮がなされたとしても、質問される側からすると「楽しくない」質問が続くのでしょうか。

　衣斐さんと川畑さんは、2人とも児童相談所でキャリアを積みました。そこでは、職権で親子を分離し子どもの保護や施設入所を行なうことがあります。クライエント個人に関することだけの相談は少なく、社会的相談（幼稚園・保育園・学校・近隣等との関係を含む）が多いので、クライエントの希望だけを聞くことはできない状況でケースの問題のみを取り扱うことになるのだと思います。

たとえば、衣斐さんの中学3年生のA子の事例で、「児童相談所の一時保護所に入所し生活を立て直す」ことを単なるテクニックとして読み取ってほしくはありません。私がシステム論を勉強していた頃にはまだ児童虐待防止法はありませんでしたし、親権は絶大でした。親の希望にそって支援する方法しかありませんでしたので、多くの相談は結果的に「ストレングス（つよみ）モデル」（まだそのような名前はありませんでしたが）で行なわざるを得ませんでした。現在、児童相談所の権限は強力ですから、ケースの問題のみを取り扱おうとしたら、家族支援に結びつかない介入が可能な時代になっていると思います。川畑さんの「4の児童相談所の置かれた立場が創り出す困難」を読んで、そう思いました。

　ストレングス（つよみ）モデルが現れたのは、平成（1990年代）に入ってからだと思います。その時期は、児童虐待に対して児童相談所の権限が強化されていく時期と重なりますが、事例の問題の取り扱い方が変化するなかで、家族支援も大切にするストレングスモデルが時代的に必要だったのではないかと思います。川畑さんの言う「児童福祉ソーシャルワークの基本は相手との合意と共感……」というのは、現状ではむずかしいのかもしれませんね。

　衣斐さんの「4の羅生門的現実：社会構成主義の視点」「4の裁判員裁判の証人体験」に関してですが、検事は「断罪」、弁護士は「救済」と言い換えてみました。「断罪」は事例の「よわみ」、「救済」は事例の「つよみ」にあたり、アセスメントでは両方をみるのだと私は理解しました。

　川畑さんの「4の保身が作る悪循環」に「市町村職員はその事例の不安なところを強調し……」とありますが、これは「よわみ」の部分でしょう。この場合、児童相談所が裁判官の役割をとっているとすると、「つよみ」を語る弁護士の役割を誰かがとることが必要なのでしょうね。

私はこう読んだ
大島 剛

鮮やか！　相互作用の活性化

　衣斐さん、川畑さんの文章を読んで、さすが家族療法をベースにしている２人だと思いました。そこには人や集団をつなぐ関係性に注目して、そのなかに起こる相互作用を大切にする立場が貫かれています。そしてそれを俯瞰する視点としてメタ（ポジション）という視点を共通点としています。このメタという視点と関係性を結ぶものに何かを介在させて、相互作用を活性化させて、介入しようという図式が伝わってきます。

　衣斐さんは、メタポジションから円環モデルを想起して、マッサージのツボ探しのように、ある点に働きかけをすることで、悪循環に陥っている相互作用に変化を与えようとします。コリがすっきりとしていくようです。川畑さんは、ナスカの地上絵を見るように、高みに上がってメタ視点で家族や社会システムまでも広く見通し、できれば湖の底にある遺跡を空から探すように深く理解しようとします。２人とも前半は事例を駆使しながら、むしろ小気味よく持論を展開しているのがとてもいいと思います。

　しかし、私の読み込みが悪いこともあるのでしょうが、２人とも最後の部分において違和感が出てきます。やや愚痴っぽい言い回しが出てくるのですが、そのことではありません。衣斐さんは「臨床的に有用なアセスメントツール」のなかで、社会構成主義と自らの裁判参加体験を紹介しています。衣斐さんの意図はアセスメントのための視点を提供するためなのかもしれないのですが、読み方によっては、「視点さえ変えればそのまま成り立つ」「どちらがいいというわけではない」というメッセージに聞こえてきて、悪循環から良循環に変化させるという前半の価値意識を鈍らせるように感じました。

　川畑さんは、いくつもの事例を用いて深読みをしながら、隠れた真実を探るというメッセージを込めているように見受けられました。本来あるべき方向を設定して、それに向いていかない辛さなども語られている

ように感じられました。しかし、最後のくだりで「相対的で未完結」が出てくることに誤解が生じやすくならないか心配があります。未完結だけれど完璧に近づけていこうという点は理解できるのですが、「相対的」というところが「結局いろんな方向があっていいのだ」という、一見前半と矛盾したことを言っているようで、かえって混乱を与えないかということです。

　あえて挑戦的に勝手な解釈を加えますが、２人ともある程度経験を積んだ中上級者ならわかってもらえそうな、たとえば「関係性の強すぎない柔軟性やバランス感覚」の重要性をどのように伝えるかに腐心しながらも、結局まだ十分に解説できていない印象です。事例から伝わるすっきりとしたメッセージは、実は基礎的なところであり、その事例をとおしてもっと本質的かつ応用が必要なところを学んでほしいと思って説明を加えていくと、かえって言葉ではなかなか伝わりにくくなってしまうということです。やはり、臨床の道は場数を踏んでしか体得できない職人技であるので、１つの事例をとおして語り合えるようになるのには時と経験がないとむずかしいようです。

　私は「事例は映画のようなもの」と考えています。スタジオジブリ宮崎駿監督の最後の作品「風立ちぬ」を観た高校生が、「ようわからんかった。あまりおもろないで」と言っていたことに重なります。同じく恋愛映画を観るとその人のなかの何かが共鳴して心が動きます。でも幼児や低学年の子どもたちはあまり面白いとは思わないでしょう。つまり事例を読むのにも適齢期があり、本当にわかってもらうにはそれなりの経験を積み重ねている必要があります。結局のところ経験の浅い若手に事例をとおしてメッセージを伝えるときに、基礎的なところくらいしか学んでもらえないジレンマを私たちは感じているのかもしれないですね。言葉で、文章でそれを伝える試みは必要ですが、この２人の精鋭をもってしても、その広く深い部分を表現するのがむずかしい、これが臨床の世界ですね。

あとがき

　ミニューチンといえばシステム論的家族療法の構造派ですが、結構"古い"と言われているようで、ご自身もその後、説をいくつか修正されたように聞いています。私がミニューチンの方法を習っていた頃は「家族合同面接」がメインで、家族療法とはそういうものだと思って実践していました。その後「合同でなくてもかまわない。1人の家族面接は十分にありうる」となり（合同面接を続けていた私たちは、「合同面接にいまでもこだわっているのか!?」と失笑を買ったような記憶もあります。被害妄想かもしれません）、いまでは「家族療法とは考え方である」とまで言われているようです。

　そのミニューチンだったか、流れを引く人だったかは忘れましたが、子どもの健全育成に必要な要因として、「世代間境界・サブシステムの連合・その連合のパワー」の3つを挙げていて、児童相談所で業務を行なっていた間中、それは私の頭のなかにずっとあり、いまでもあり続けています。大学の授業でも、「家族は100あれば100の特徴があり、どれがよいとか悪いとかは一概に言えない。それは、あの子がわるいことをしたのは家族のせいだと言っても、同じような家族で子どもはそうなっていない場合もあるし、立派な家族だと言われているところでも、子どものことで大きな問題を抱えている場合もあることにも表われていると思う。ただ、家族が何か解決すべき問題を抱えているときに、この視点にそって家族をアセスメントし、介入すれば解決に導かれることがあるという、そういう視点はあって、それがこれだ」と紹介しています。

　この3つの要因は、本論ですでに述べたように「祖父母世代と父母世代の間、また父母世代と子ども世代との間に交流は豊かにあってかまわ

ないが、必要なときにはちゃんと線が引けることと、たとえば父母世代の父と母が協力し合えること、そしてその父母が、必要なときには子ども世代や祖父母世代に対してパワーをもって促したり強制したり拒否したりもできること」を指しています。

　ある事例検討会に出席したとき、その３つの要因が役に立ちました。検討会ですから事例の実際に介入できたわけではないのですが、いま起きていることをどのように考え、どう導いていけばよいのかの仮説が立てられたのです。家族療法を行なおうと目論んだのではなく、当の子どものいまより少しでも厚い幸せのことを考えていくと、私にしみついていた視点がそれにうまく絡まってくれました。そこでは、家族療法ではなく児童福祉の検討がたしかになされました。その事例にこれまで試してみたという"新しい"家族療法の取り組みは、検討の途上、居場所をなくしていました。
　ミニューチンが貧しい街の子どもたちの家族に向けて実践し、論を組み立てた家族療法ですから、日本の児童福祉臨床にも役立つのは当然かもしれませんが、"古い"とかどうのこうのというのとは別のところで、役に立つことは役に立ち続けています。
　「あとがき」の原稿なのに、本論の続きを書いているようで、すみません。結局、いろんな新しい方法に学ぶところはあっても、「そだち」と「社会」の視点に支えられた児童福祉臨床を大事にしましょうと言いたいのだと、自分で思います。

　さて、2007年から2012年までの６年間発行した『そだちと臨床』誌（明石書店）の後継書籍として、昨年、『発達相談と新版Ｋ式発達検査——子ども・家族支援に役立つ知恵と工夫』を発行しましたが、本書は後継２冊目です。
　アセスメント（と介入）についての８名それぞれの流儀、いかがでしたか。反響もいただきながら、さらに突っ込んで考えていくことができ

たらと思いますし、読んでいただいたご縁で、どうぞ今後ともよろしくお願いします。メールアドレスは、sodachi-rinnshou@maia.eonet.ne.jp です。

　私たちの研究会活動を支持、支援、協力してくださっているかたがた、またその他のみなさまのおかげで本書が成り立ちました。ありがとうございます。そして最後に、私たちのメンバーの一員であると言ってもいいぐらいのところでいつも支えてくれている、明石書店の大野祐子さんに感謝です。

　2015 年 1 月 20 日

　　　　　　　　　　　　　　　　　　　　　　　　　　　　川畑　隆

著者紹介（執筆順。＊は編者）

川畑　隆（そだちと臨床研究会）＊
1978年から28年間、京都府児童相談所（中央・宇治・京都）に勤務。その後、2006年から京都先端科学大学（旧・京都学園大学）と京都橘大学に計16年間勤務し、退職。児童福祉や教育などの分野における対人援助を専攻。臨床心理士。『そだちと臨床』（明石書店、2006年～2012年）編集委員。著書に『教師・保育士・保健師・相談支援員に役立つ子どもと家族の援助法──よりよい展開へのヒント』（明石書店、2009年）、『心理学実習　応用編Ⅰ　知能・発達検査実習──新版K式を中心に』（共編著、培風館、2011年）、『子ども・家族支援に役立つ面接の技とコツ』（共著、明石書店、2012年）、『発達相談と新版K式発達検査──子ども・家族支援に役立つ知恵と工夫』（共著、明石書店、2013年）、『要保護児童対策地域協議会における子ども家庭の理解と支援──民生委員・児童委員、自治体職員のみなさんに伝えたいこと』（明石書店、2021年）、『子ども家庭支援の勘ドコロ──事例の理解と対応に役立つ6つの視点』（明石書店、2023年）などがある。

笹川宏樹（同志社大学心理臨床センター）
1984年、奈良県に心理判定員として採用。児童相談所、県庁児童福祉課、知的障害者更生相談所やリハビリテーションセンターなどに勤務し、再度の児童相談所では児童虐待相談を担当。その後、中央こども家庭相談センター所長、県立登美学園（福祉型障害児入所施設）園長をへて、同志社大学心理学部客員教授。現在は同志社大学心理臨床センター特任指導員。公認心理師、臨床心理士、社会福祉士。『そだちと臨床』（明石書店、2006年～2012年）編集委員。著書に『子ども・家族支援に役立つ面接の技とコツ』（共著、明石書店、2012年）、『発達相談と新版K式発達検査──子ども・家族支援に役立つ知恵と工夫』（共著、明石書店、2013年）、『福祉心理学──福祉分野での心理職の役割』（編著、ミネルヴァ書房、2020年）、『日本の児童相談所──子ども家庭相談の現在・過去・未来』（共著、明石書店、2022年）などがある。

梁川　恵（滋賀県警察／京都市保育園連盟ほか）
1979年に京都市に心理職員で採用され、情緒障害児短期治療施設「青葉寮」セラピスト、児童相談所心理判定員、発達相談所相談判定係長、第二児童福祉センター相談判定係長を歴任して退職。現在は、滋賀県警察の少年相談専門員（委嘱）や京都市保育園連盟の巡回相談員（委嘱）業務等に従事している。公認心理師、臨床心理士。『そだちと臨床』（明石書店、2006年～2012年）編集委員。著書に『発達相談と援助──新版K式発達検査2001を用いた心理臨床』（共著、ミネルヴァ書房、2005年）、『心理学実習　応用編Ⅰ　知能・発達検査実習──新版K式を中心に』（共著、培風館、2011年）、『子ども・家族支援に役立つ面接の技とコツ』（共著、明石書店、2012年）、『発達相談と新版K式発達検査──子ども・家族支援に役立つ知恵と工夫』（共著、明石書店、2013年）などがある。

大島　剛（神戸親和大学）

1984年から17年間、神戸市児童相談所で心理判定員として勤務後、2001年から神戸親和女子大学（現・神戸親和大学）で教鞭をとる。文学部心理学科教授。子ども臨床に強い心理専門職の養成、児童相談所児童心理司の役割に関する調査研究などに従事、現在は新版K式発達検査2001を用いた臨床を全国に広めることに力点を置いている。公認心理師、臨床心理士。『そだちと臨床』（明石書店、2006年～2012年）編集委員。著書に『心理学実習応用編1　知能・発達検査実習──新版K式を中心に』（共編著、培風館、2011年）、『子ども・家族支援に役立つ面接の技とコツ』（共著、明石書店、2012年）、『発達相談と新版K式発達検査──子ども・家族支援に役立つ知恵と工夫』（共著、明石書店、2013年）、『臨床心理検査バッテリーの実際』（共著、遠見書房、2015年）、『心理的アセスメント（公認心理師の基本を学ぶテキスト⑭）』（編著、ミネルヴァ書房、2023年）などがある。

菅野道英（そだちと臨床研究会）

1979年、滋賀県に心理判定員として採用。県内の児童相談所（中央・彦根）で児童心理司・児童福祉司として勤務。滋賀県彦根子ども家庭相談センター所長を最後に退職。臨床心理士。家族療法をベースに、子どもの発達上のニーズを安全に保障する仕事を続けている。『そだちと臨床』（明石書店、2006年～2012年）編集委員。著書に『児童虐待はいま──連携システムの構築に向けて』（共著、ミネルヴァ書房、2008年）、『子ども虐待防止のための家族支援ガイド──サインズ・オブ・セイフティ・アプローチ入門』（共著、明石書店、2008年）、『子ども・家族支援に役立つ面接の技とコツ』（共著、明石書店、2012年）、『発達相談と新版K式発達検査──子ども・家族支援に役立つ知恵と工夫』（共著、明石書店、2013年）、『日本の児童相談所──子ども家庭相談の現在・過去・未来』（編著、明石書店、2022年）などがある。

宮井研治（京都橘大学）

1982年、大阪市に臨床心理職員として採用。知的障害児通園施設「姫島子ども園」、大阪市中央児童相談所（現大阪市こども相談センター）、大阪市更生相談所一時保護所、情緒障害児短期治療施設大阪市立児童院をへて、再び大阪市こども相談センターに。大阪市南部こども相談センター虐待対応担当課長をへて、京都橘大学総合心理学部総合心理学科特任教授。公認心理師、臨床心理士。『そだちと臨床』（明石書店、2006年～2012年）編集委員。著書に『発達相談と援助──新版K式発達検査2001を用いた心理臨床』（共著、ミネルヴァ書房、2005年）、『子ども・家族支援に役立つ面接の技とコツ』（編著、明石書店、2012年）、『発達相談と新版K式発達検査──子ども・家族支援に役立つ知恵と工夫』（共著、明石書店、2013）などがある。

伏見真里子（岡山県立成徳学校）

1987年、岡山県庁入庁後、津山児童相談所、県立総合社会福祉センター、県立内尾センター（精神科デイケア施設）、精神保健福祉センター、県立岡山病院、倉敷児童相談所、備中保健所を出たり入ったりしてきた。元津山児童相談所長。役職定年後、2024年度は県立成徳学校心理療法担当職員。公認心理師、臨床心理士。介護支援専門員（ケアマネージャー）。『そだちと臨床』（明石書店、2006年〜2012年）編集委員。著書に『発達相談と援助──新版K式発達検査2001を用いた心理臨床』（共著、ミネルヴァ書房、2005年）、『子ども・家族支援に役立つ面接の技とコツ』（共著、明石書店、2012年）、『素行傷害──診断と治療のガイドライン』（共著、金剛出版、2013年）、『発達相談と新版K式発達検査──子ども・家族支援に役立つ知恵と工夫』（共著、明石書店、2013年）などがある。

衣斐哲臣（児童心理治療施設みらい）

1980年から国保日高総合病院精神科（臨床心理士）、1995年から和歌山県の児童相談所、2016年から和歌山大学教職大学院（教授）に勤務した後、2023年から現職で施設長を務める。公認心理師、臨床心理士。『そだちと臨床』（明石書店、2006年〜2012年）編集委員。著書に『子ども相談・資源活用のワザ──児童福祉と家族支援のための心理臨床』（単著、金剛出版、2008年）、『子ども・家族支援に役立つ面接の技とコツ』（共著、明石書店、2012年）、『心理臨床を見直す"介在"療法──対人援助の新しい視点』（編著、明石書店、2012年）、『ブリーフセラピー入門──柔軟で効果的なアプローチに向けて』（共著、遠見書房、2020年）、『日本の児童相談所──子ども家庭相談の現在・過去・未来』（共著、明石書店、2022年）などがある。

子ども・家族支援に役立つ
アセスメントの技とコツ
よりよい臨床のための4つの視点、8つの流儀

2015年1月30日　初版第1刷発行
2025年3月15日　初版第7刷発行

編著者　川畑　隆
著　者　笹川宏樹／梁川　惠
　　　　大島　剛／菅野道英
　　　　宮井研治／伏見真里子
　　　　衣斐哲臣

発行者　大江道雅
発行所　株式会社　明石書店

〒101-0021
東京都千代田区外神田6-9-5
　　　電話　03（5818）1171／FAX　03（5818）1174
　　　振替　00100-7-24505
　　　URL　http://www.akashi.co.jp/

装丁　明石書店デザイン室
印刷・製本　モリモト印刷株式会社

（定価はカバーに表示してあります。）　ISBN978-4-7503-4130-9

JCOPY 〈出版者著作権管理機構　委託出版物〉
本書の無断複製は著作権法上での例外を除き禁じられています。複製される場合は、そのつど事前に、出版者著作権管理機構（電話 03-5244-5088、FAX 03-5244-5089、e-mail: info@jcopy.or.jp）の許諾を得てください。

面接の技とコツ
〈仕掛ける・さぐる・引き出す・支える・紡ぐ〉児童福祉臨床

子ども・家族支援に役立つ

宮井研治 編
川畑隆、衣斐哲臣、菅野道英、笹川宏樹、梁川惠、伏見真里子、大島剛 著

◎四六判／並製　2200円

発達相談や非行・虐待相談で「来てよかった」と思ってもらえる効果的な面接を行うにはどうすればよいか。子ども・家族支援の現場に長年携わってきた著者たちが「仕掛ける・さぐる・引き出す・支える・紡ぐ」の5つのキーワードと豊富な事例を元にわかりやすく伝授する。

━━━内容構成━━━

Part I　面接の基本
Chapter 1　面接の基本（川畑隆）
　　　――ジョイニングに始まりジョイニングに終わる

Part II　目的に応じた面接
Chapter 2　仕掛ける面接Ⅰ（衣斐哲臣）
　　　――「変化への抵抗」を超える実践例
Chapter 3　仕掛ける面接Ⅱ（菅野道英）
　　　――子どものそだちの安全を保障するために
Chapter 4　さぐる面接（笹川宏樹）
　　　――バリエーションに富んだ臨機応変な面接をめざして
Chapter 5　引き出す面接（梁川惠）
　　　――親に信頼され納得してもらえる発達相談
Chapter 6　支える面接（伏見真里子）
　　　――相手にどうするかを考えてもらう
Chapter 7　物語を紡ぐ面接（大島剛）
　　　――子育ち、親育ち、家庭の生育歴をふりかえる

発達相談と新版K式発達検査
子ども・家族支援に役立つ知恵と工夫

大島剛、川畑隆、伏見真里子、笹川宏樹、衣斐哲臣、菅野道英、宮井研治、大谷多加志、井口絹世、長嶋宏美 著

◎A5判／並製　2400円

新版K式発達検査を使い続けてきた著者たちが、アセスメントにあたっての留意点、子どもの発達像の読み方、所見作成、保護者への助言について、その考え方とヒントを公開。累計1万部にも達しているミネルヴァ書房『発達相談と援助』をより深めた、充実のK式発達検査ガイド。

━━━内容構成━━━

第1章　発達支援とアセスメント
　　　――新版K式発達検査によるアセスメントに欠かせない視点、発達検査の結果を子どもの成長に活かすために、新版K式発達検査の基礎知識
第2章　新版K式発達検査を使って子どもの発達像を読む
　　　――プロフィールと縦の関連（斜めの関連）、新版K式発達検査の反応の背後にあるもの／検査への取り組みから互間性を見ていく／発達を支える子どもとのリアリティ
第3章　検査結果から所見を作成するまで
　　　――新版K式発達検査のデータから、発達像を2人の見方で対所見へのコメント
第4章　来談者への援助――助言のために共有したいもの
　　　――新版K式発達検査を介在せねながって見えてくる助育／助言場面をどのように演出するか／児童相談所の発達検査を活用した臨床例
第5章　新版K式発達検査の深い学びへ――ワークショップの真髄
　　　――ワークショップ・イン神戸の歴史と「子どものトレーニング／メタローグ／ワークショップ・イン川崎の開催／ロールプレイによる助言からの意義／ワークショップ――ワークシ
ョプを通じて私たちがやっていること

〈価格は本体価格です〉

心理臨床を見直す"介在"療法
対人援助の新しい視点

衣斐哲臣 編

A5判／並製 ◎2800円

対人援助のための理論や技法は数多くあり、援助者が人を支援する場面では二者の間に必ずそれらが"介在"する。援助の第一線の臨床家がこの"介在"視点に立ち自らの実践を語り、既成の学派や立場の違いを超えて心理療法および対人援助のあり方を再考する試み。

内容構成

第1部 "介在"視点の提唱

第2部 私の"介在"療法を語る
1 プレイセラピー（津川 圓）
2 箱庭療法（㞍戸 圓）
3 臨床動作法（吉川吉美）
4 精神分析（佐野直哉）
5 クライエント中心療法（伊藤研一）
6 森田療法（山田秀世）
7 内観療法（三木善彦）
8 心理検査（川畑 隆）
9 催眠療法（松木 繁）
10 グループ療法（高良 聖）
11 家族療法（坂本真佐哉）
12 認知行動療法（東 斉彰）
13 ゲシュタルト療法（倉戸ヨシヤ）
14 解決志向アプローチ（遠山宜哉）
15 EMDR（市井雅哉）

第3部 "介在"療法の実践を語る
1 イルカ介在療法（惣田聡子）／2 怒りのコントロール教育プログラム（北谷多樹子）／3 描画テスト（倉вось幸恵）／4 RDI（日本孝二）／5 ライフストーリーワーク（山本智佳央）／6 "ほほえみ"地域づくりプロジェクト（山本菜穂子）

第4部 "介在"療法論考（吉川 悟）

子ども家庭支援の勘ドコロ
事例の理解と対応に役立つ6つの視点

川畑 隆 著

四六判／並製／192頁 ◎2200円

子ども家庭福祉臨床の目的は子どもの保護と健全育成です。与えられた枠組みや理論にただ縛られるのではなく、対応してもよいのではないだろうか。児童相談所で約30年の勤務経験のある著者が、具体的事柄とともに子ども家庭支援の現場において大切なことを綴る。

内容構成

第1章 子ども家庭への支援業務〜福祉臨床現場ならではの視点と協働〜

第2章 発達相談場面での保護者への対応〜その子の一番の専門家は保護者〜

第3章 子どもの虐待による死亡事例から考える〜収束的に拡散的に〜

第4章 要保護児童対策地域協議会の充実のために〜「狭く深く」と「広く浅く」〜

第5章 子どもへの対応をめぐる事態にかかわる〜後手から先手に〜

第6章 子ども福祉臨床の現場への支援〜「仕方がない」ではないかもしれない〜

（価格は本体価格です）

日本の児童相談所
子ども家庭支援の現在・過去・未来

川松亮、久保樹里、菅野道英、田﨑みどり、田中哲、長田淳子、中村みどり、浜田真樹 編著

■A5判／並製／384頁 ◎2600円

子どもの発達を促し、子どもの最善の利益をめざす児童相談所。本書には、社会的関心の高い虐待対応にとどまらない、現在の児童相談所を多角的に理解するエッセンスと、今を理解するための歴史と、これからの児童相談所についての多くの知見が盛り込まれている。

●内容構成●

プロローグ──児童相談所って？
第1章 子どもの育つ権利を守る
第2章 児童相談所の相談内容と取り組み
第3章 子ども虐待への取り組み
第4章 子ども・保護者・家族を支援する
第5章 地域の支援者と協働する
第6章 社会的養護と協働する
第7章 児童相談所がたどってきた歴史
第8章 これからの児童相談所を展望する

そだちと臨床

『そだちと臨床』編集委員会 編 B5判／並製 ◎各1600円

福祉臨床の最前線で働く専門職が、子どものそだちを支援する現場の人たちのために、現場で役立つ知恵を結集、発信。

1 発達相談と援助／事例研究とプライバシー保護
2 告知から始まる援助／児童虐待対応の最前線
3 援助のための見立て／自立と孤立
4 社会的養護と心理職の役割／援助に役立つ対応のバリエーション
5 子どものそだちに必要なもの／発達検査を読み込む
6 よりよい展開のための理解と交渉／発達検査を読み込む2
7 支援に活かす転回的発想と実践／心理職の「そだち」と「臨床」
8 対人援助職の伝承／性虐待への対応を考える
9 発達障害 診断の一歩先／児童家庭相談
10 つぶやきから児童福祉現場を再考する
11 東日本大震災と子どものそだち
12 対人援助と感情労働／保護者支援、私の工夫

〈価格は本体価格です〉